20 FORMS FOR TRAINING

PRACTICAL OPERATION MANUAL FOR ENTERPRISE TRAINING

20张表单做培训

可落地的企业培训实操手册

张立志／著

人民邮电出版社
北京

图书在版编目（CIP）数据

20张表单做培训 ： 可落地的企业培训实操手册 / 张立志著. -- 北京 ： 人民邮电出版社，2019.3（2023.4 重印）
ISBN 978-7-115-50734-1

Ⅰ. ①2… Ⅱ. ①张… Ⅲ. ①企业管理－职工培训－手册 Ⅳ. ①F272.921-62

中国版本图书馆CIP数据核字(2019)第013661号

内 容 提 要

基于企业内培训的主要挑战和关键任务，本书涵盖从挖掘培训需求到推动培训落地的整个流程，共分为 7 章，每章含 2～5 个表单，并围绕着这些表单展开相应内容，以解释背后的原理和方法论，介绍表单的使用方法。

本书适合人力资源部负责人、培训经理、培训师、培训顾问等专业人士阅读，可以帮助读者更有效地开展培训工作，支持企业的业务发展，提升员工在组织内的影响力。

◆ 著　　　张立志
责任编辑　李　强
责任印制　彭志环

◆ 人民邮电出版社出版发行　　北京市丰台区成寿寺路 11 号
邮编　100164　　电子邮件　315@ptpress.com.cn
网址　http://www.ptpress.com.cn
北京七彩京通数码快印有限公司印刷

◆ 开本：700×1000　1/16
印张：13.25　　　　2019 年 3月第 1 版
字数：148 千字　　　2023 年 4 月北京第 17 次印刷

定价：59.00 元

读者服务热线：(010)81055493　印装质量热线：(010)81055316
反盗版热线：(010)81055315
广告经营许可证：京东市监广登字20170147 号

序

我和立志老师从 2016 年开始合作 CSTD 学习设计师认证项目。当时想法很明确，就是提升企业培训管理者的学习项目设计和运营能力，推动培训落地。

作为一名优秀的学习设计师，不仅要坚持以终为始、学以致用的理念，更要善于运用各种学习技术、表单设计学习方案，扎实推进效果落地，提高学习效率，解决实际问题，促进绩效改善。

企业培训是一个系统复杂的过程。解决一个复杂问题，如果是用一个复杂的方法去解决，或者是引入另外一个复杂问题，就会把事情搞得更复杂。

在认证项目中，我们希望把学习设计做到简单、规范和一致，因此提供了一套完整的表单，甚至将主要的表单做成一张沙盘，让表单运用更加显性直观、容易操作，受到学员的一致好评。

本书用 20 张表单毫无冗余地展示了企业培训的实操全局图：从训前需求调研、培养目标和方案流程的设计，训中企业内部的经验萃取、课程开发、激发学员动机和训后的效果落地以及评估，再到组织发展和培训体系建设，为企业和培训从业者提供简洁、有效的培训指导。

当然，表单也不能机械性的使用。只有充分理解背后的逻辑，结合使用的场景，才能发挥其应有的价值。这就需要我们有产品化思维。企业培训的产品化思维，要求我们不仅能洞察学习需求，掌握各种学习技术，更要能实现商业价值的创造。

现在是信息爆炸时代，能快速、有效地获取和使用信息，并转化为自己的技能成为我们当下的不二选择，做培训也是如此。我们都希望成为能帮助别人成长的人，首先得自我成长，不断迭代更新自己的知识体系，刻意练习有效的方法工具。本书的面世一定会有力地帮助培训从业者，更好地以问题和结果为导向，解决企业培训落地难的问题。

熊俊彬

CSTD 首席运营官

前言

培训可以说是企业里最简单也是最复杂的工作。简单在于发个通知请个老师来讲课，也可以称之为培训；复杂在于如果要推动培训落地，改变员工行为，支持组织绩效的提升，那岂是易事。所以，大部分的培训介于这两者之间，在摇摆中寻求进步。越是没有清晰的定位，我们越有可能找到更大的空间，发挥更大的价值。

对于组织而言，业务的健康长足发展是根本目标之一，培训的意义在于能够支持业务的发展，成为价值链中的一个环节，否则就会游离于组织的边缘，成为可有可无的工作。我们需要立足业务发展，挖掘培训需求，寻找解决方案，设计并实施学习项目，推动培训效果落地。正是在这一认知下，培训从业者面临着越来越大的挑战。我们需要清晰地认识到，不是培训去驱动业务发展，是我们创造的学习环境能够支持员工，影响他们的行为，进而支持业务发展；不是仅仅解决“知”的问题，而是解决从“知”到“行”的问题。这已不是单靠培训人自己能够完成的工作，需要在组织内创造学习共同体，影响利益相关者参与进来，共同解决问题，驱动发展。

业内众多优秀的企业大学和培训部门，在逐步深入支持业务发展方面采取了很多有效的、值得借鉴的举措，开展的项目包括战略解码、业务经验萃取、内训师培养、后备干部打造、绩效改进项目、铁三角运营模式推广、门店运营模式优化等，赢得了业务部门的认可，创造了组织价值。其根本就在于它们在业务发展中寻找到了培训的可为之处，对于培训定位有了全新的认知。

我有幸进入培训这个领域，在实践中摸索和成长，将实践经验总结成可以操作的方法论，并坚持将方法论转化为容易落地的方法和工具，至此，本书应运而生。

本书共分7章，涵盖从需求到落地的整个流程。

第一章主要介绍如何从组织战略、业务和员工成长三个角度，采取科学的方法进行调研和分析培训需求。

第二章介绍如何基于需求设定清晰的可评估的目标，实现培训的“以终为始”。

第三章介绍如何设计完整的培训方案以实现培训目标，不仅仅关注员工上课的“嗨”，更需要关注后期落地的“行”。

第四章介绍如何萃取组织内部的隐性经验，设计精品的培训课程，用内部经验解决问题。

第五章介绍如何激发员工的学习动机，点燃整个组织的学习热情，打造学习型氛围。

第六章介绍如何通过在岗辅导、跟踪和反馈等方式，促进培训落地并评估培训效果。

第七章从组织发展的角度，介绍如何系统规划培训的重点和培训体系。

“实践者最有发言权”，如果您在阅读中发现有不足之处，或者是有任何建议，都可以向我们反馈。

目录

第一章

寻根求源，挖掘人才培养需求

表1　培训需求调研——像咨询顾问一样做调研

你是否了解咨询顾问这个工作？西装革履，出入高档写字楼；年纪轻轻，就与客户企业的中高层直接对话；经过几个月研究，拿出一份厚厚的报告，对客户的管理状况“指点江山”。可能，报告中很多内容都是客户自己的观点，或者是多个客户观点的综合体，而咨询顾问的职责是在这个综合体上提出令客户相对满意的解决方案。

为什么咨询顾问可以获取这些管理精英的观点，洞察他们的需求？其中，最重要的能力就是调研能力，尤其是访谈能力。我做咨询顾问 5 年，受益最深的莫过于调研访谈能力、商业思维和系统化思维，这对于如何从客户角度思考和解决他们的问题，尤为重要。在我后来转为做培训的时候，这些能力的迁移，使我受益良多。培训不是课程的拼盘，而是基于业务问题调研分析，在对利益相关者进行深入访谈和达成共识的前提下，设计并实施相应的基于学习手段的解决方案，这些解决方案未必能解决全部问题但一定对业务问题起到积极作用。

所以，培训前的调研尤为关键。很多伙伴都知道“433”法则，最先提出“433”法则的是欧美国家，它们对培训预算的使用情况进行分析，发现在培训前、培训中和培训后的使用比例约为40%、30%和30%，也就是预算的4成用于培训前，培训前所做的事包括调研分析、沟通、方案汇报、实施准备等，其实培训的成功往往来自于培训前的扎实设计。而调研分析是设计的基础，本章就为大家介绍咨询顾问常用的调研方法。

对行业、企业和商业的理解是基础

咨询顾问不可能了解所有客户的行业和企业环境，尽管咨询顾问一般都有自己擅长的行业和咨询领域，但是每一个客户都是独特的，所以在接到一个案子时，咨询顾问都需要通过各种手段来研究客户所处的行业和企业环境。

快速学习能力是咨询顾问的基础能力，从接到一个新的需求到做出项目建议书并向客户展示的时间往往会很短。甚至有些临时性的需求，今天给你课题，明天就要到客户方展示你的观点。这除了考验咨询顾问长期扎实的积累外，还有就是快速的学习能力。比如，2008年，我们接到了某运营商关于移动支付研究的课题，现在看来，那是相当超前的研究了，我们的顾问尽管对移动互联网业务有长期的研究和积累，但是对于支付领域并没有太多的积累，而客户要求我们第二天就要去展示我们的观点，我们需要用半天加一晚上的时间充分发挥我们的专业能力。后来我们通过企业内部包括外部的知识库找到了一些相应的资料，并利用国外网站研究国外的实际情况，再通过咨询顾问的研究框架加以构建，形成了相对专业的报告。

其实，对于培训顾问（经理）也是一样的道理，他们需要具备长期的知识积累、研究能力的积累、对于商业环境的洞察以及快速学习的能力；持续关注客户所处行业和客户的变化，而非仅关注培训行业的变化。培训仅仅是路径、方法，而不是客户所要的结果。研究行业、客户和商业运营，也应该是培训顾问（经理）日常工作中的重要任务。

有假设但不坚守假设

胡适曾提出“大胆假设，小心求证”。这是咨询顾问长期坚持的研究原则，即在项目调研前就提出大量的自己对于问题的理解以及假设客户在管理中可能存在的问题和原因。当然，不能凭空提出这样的假设，而是在对客户进行了一定研究的基础上提出自己的假设，而后期的调研分析是要验证这些假设的真伪并发现新的问题。其实，这是一个缩小扫描圈的过程，不是对企业进行 360° 的大调研，而是围绕着客户希望解决的问题，假设可能的原因，再基于这些可能的原因去针对性地进行相对小范围的调研。

我一直在思考这种方式能否直接用于培训调研中。2017 年，我初学了教练技术，教练对话的要求是不带假设、不带评判、不给建议、全息聆听。这些原则看起来是与“大胆假设，小心求证”相矛盾的。所以，我也一直试图在这两种原则中寻求平衡。后来，我得到的结论是：在访谈中要遵循教练对话的原则，将空间给到被访谈者，而当被访谈者问到顾问自己的观点和建议时，顾问是要有充分准备的，是需要给出自己的观点的。其他的调研方式还是要遵循“大胆假设、小心求证”的原则。

一般建议顾问要先进行访谈，在获取了比较多的一手信息基础上，再采取焦点小组、问卷调研、工作观察、流程穿越、二手资料研究等方式，在整个调研结束时，要将结论及时与利益相关者进行沟通，以进一步验证结论和达成共识。

访谈是顾问的重要能力

在下一节中，我们会对访谈的方法和注意事项进行详细介绍，在此先对访谈的总体流程和样本要求进行介绍。

从访谈流程来看，我们建议先对中高管进行访谈，再访谈学员，然后再向项目的主要利益相关者进行汇报。高管是指引方向者，先访谈他们，可以对公司的战略和业务有相对清晰的了解，并能把握项目方向；学员上级在培训中的作用不言而喻，他们是“客户”，能够从管理者角度提出学员需要提升之处；而学员从他们自身实际工作需求出发，可以提供一线的真实信息和需求。但是所有的访谈结束后，顾问有必要将结论向项目的主要利益相关者进行汇报，达成共识。他们可能是主要的学员上级，也可能是线条的分管领导。

从样本量来看，没有统一的标准，项目不同，所涉及的利益相关者数量也不一样。比如，有的项目针对的学员就是一个部门的，学员上级就是一个人，那这个上级就是非常重要的利益相关者。还有的项目是遴选全国的优秀精英参加，每个精英都会有一个上级，没有交叉，也就是有多少学员就有多少个学员上级，这时候选择样本就十分重要了。

在访谈中，最少要访谈到 1/3 的学员以及学员上级。如果一个班有 30 个学员，那就要访谈 10 个以上的学员以及学员上级。但是有的培训项目是轮训，需要覆盖几百名同类型的员工，那就需要访谈至少 30 人以上的样本。建议每个培训班所面向的学员群体在需求上应该类似，知识基础比较接近，尽量不要出现大家岗位不同，入职年限也不同的情况。如果出现这样的情况，那访谈 1/3 的样本量就不够了，需要增加样本量，同时要覆盖不同类型的学员。而最后的结果也会出现学员需求不一致的情况，那只能选取大家需求的交集部分，这对培训设计和落地提出较大挑战。

焦点小组是达成共识的重要方式

焦点小组法（Focus Group）是由一个经过训练的主持人以一种结构化或半结构化的形式引导大家深入研讨，逐步达成共识的过程。其适用的情境是，一对一访谈工作量大，而且有时被访谈者各执一词。焦点小组法可以提升访谈效率，同时又避免大家的意见不一致。该方法通常被用在一对一访谈后深入研讨和达成共识。其步骤包括以下内容。

1. 寻找 4 ~ 6 名被访谈者。这些被访谈者可以都是学员，也可以是各种利益相关者。如果仅仅是访谈学员，应是基于同一层次的员工，目标是对实际工作情境及痛点问题达成共识。如果是各种利益相关者，目标是对培训需求、内容、形式、目标等达成共识。

2. 由顾问（经过训练）带领大家开展研讨。大致流程包括如下内容。

（1）说明背景、要求和流程。

（2）邀请被访谈者分析学员的工作任务及要求。

（3）研讨不同工作任务下的学员痛点。

（4）研讨需要学习的内容、形式。

（5）对培训目标达成共识。

问卷调研是大样本验证的方式

问卷调研是“大胆假设、小心求证”原则下的产物，我们很难寄希望于被调研者能够非常认真地回答开放性问题，他们更多情况下喜欢做选择题。如果需要覆盖的学员很多，无法进行大面积的一对一访谈和焦点小组调研，而作为利益相关者又希望获取更多学员的建议，那顾问可以在前期访谈和焦点小组调研的基础上，进行大样本的问卷调研。

为什么要“大胆假设，小心求证”？因为选择题的问题和选项是顾问前期已经有了自己的假设，学员进行选择是一个验证的过程。而前期的深入调研的结论也可以作为问题来取得更多被调研者的验证。

在前期调研中，获取的需求多而杂，无法聚焦，问卷调研得到的数据完全可以作为聚焦的第一手数据。

工作观察法考验顾问的专业能力

观察法是研究者根据一定的研究目的、研究提纲或观察表，用自己的感官和辅助工具去直接观察被研究对象，从而获得资料的一种方法。科学的观察具有目的性和计划性、系统性和可重复性。

观察法可以帮助访谈者掌握第一手资料，也可以进一步验证所获取的信息。比如，我有个朋友在一家大型的制造企业负责安全培训，他在和车间主任沟通的过程中发现，车间主任都认为自己的车间非常安全。然后朋友到车间通过观察，发现了很多安全隐患，并用手机拍摄下来，用这种方法论证了培训的必要性，并找到了培训需求的第一手资料。

适合观察法的项目主要是学员的技能体现在外在的工作流程或行为。比如，零售店店长开晨会，其流程、发言和处理问题的方法，顾问可以在一旁仔细观察。再比如，我在做咨询顾问时，曾去营业厅观察营业员的服务流程、服务礼仪和沟通方式。

需要说明的是，我们不能通过一次观察就轻易下结论，也不能通过观察一位学员就分析问题，而是要多观察，同时结合访谈、焦点小组等方式确定真实问题和原因。

流程穿越是系统分析方法

流程穿越是让企业各级管理人员以及业务流程的制订者、管理者、支持者等与流程密切相关却并不直接执行流程的人员，以普通客户或流程执行者的角色与客户接触以及到生产一线现场体验，获得对管理水平和流程现状的真实体验，提出一套发现问题并解决问题的行之有效的工作方法。

有一次，某电信公司找到我说："张老师，我们这边宽带安装与维修的客户投诉太多了，帮我们找一个处理客户投诉的老师来做一次培训吧。”我们的假设是，客户满意度低不一定是客服人员的服务差导致的，也有可能是安装与维修不及时引起的，而这种安装维修的不及时也可能是安装流程有问题。于是我回复该企业说，不用急于培训，培训未必能解决问题，让我们跟着客服装维人员去给客户做一次服务来判断是什么原因引起的客户不满。在此过程中，对方听后很惊讶，为我们做好了安排。那一天，我们发现客服装维人员是这样工作的：早上上班接单，拿到派工单后，就开始规划路线，同时打电话给不同的客户，通知他们大概什么时间上门服务。电话刚打完，主管经理过来说，东城前一天安装宽带的一个客户反映上不了网，派他去看看。结果客服人员检测、调试好东城这个客户的宽带，再去当天的第一个客户家时，已经晚了半小时。这么一折腾，第二家客户约定的时间到了，这边的安装工作还没有完成，只好打电话要第二家客户等着……于是，多米诺骨牌效应出现了，客服人员一整天除了繁重的安装工作，就是在和不同客户解释。

经过这样一天的全流程跟踪，我们发现，该公司安装与维修的客户投诉问题，不仅是客服装维人员的能力问题，也可能是流程问题、激励问题或产品问题，因为前一天刚刚安装的宽带，不到一天时间就出故障了。这些问题仅通过给装维人员培训无法解决。最后我们将全流程观察的记录交给该电信公司，后期它们也对整个流程进行了梳理，对激励政策采取了相应的调整。

这个案例告诉我们，有些问题可能不是员工能力的问题，而是流程有问题，那么我们通过流程穿越的方法，在流程中走一遍，就可以达到帮助主管部门开展流程梳理、改善绩效的效果。与宽带安装与维修类似的，比如，空调安装与维修、物流配送等问题，都可以先做“流程穿越”，真实体验一番，找到真正的问题所在，再做是否培训、培训什么内容的决定。

对标是一种有效的补充

对标是指与业内领先者或竞争对手进行对比，找到差距和需要改进的地方。比如，以前我们在做咨询时，经常会在电信、移动和联通三家运营商之间进行对标。如果研究的课题是服务方面，我们就会对标三家在服务各个环节上的差异；如果研究的是增值业务营销领域，就会对标三家运营商在营销方面的差异。通过找到差距，我们可以论证客户在哪些方面需要提升，同时也可以在竞争对手那找到相应的解决方法。

当然我们也可以采取绩优员工和一般员工进行对标找差距的方式调研培训需求。比如，新进大学生入职一年后，分析进步快的员工和一般员工之间的差距，找到他们思维模式和工作方式之间的差别，分析需求。需要强调的是，造成这些差距的原因未必是培训能够解决的，也许是在招聘时就决定了他们的差距，这需要反馈给负责招聘的人员，也有可能是他们所处的部门环境和管理者的领导风格差异造成的，需要系统分析。

基于以上分析，未必所有的学习项目需要使用所有的调研方式，这需要结合项目的具体特点综合使用。

培训需求调研如表 1 所示。

表 1 培训需求调研

学习项目：　　　　　　学员对象：

调研方式	是否采纳	调研目的	你的假设	调研对象	样本量
访谈				高管： 学员上级： 学员： ……	
焦点小组					
问卷					
工作观察					
流程穿越					
对标					

表 2　培训需求访谈——用结构化访谈技巧深挖需求

需求访谈是 OD(Organization Development，组织发展)、咨询顾问、培训经理、培训师等岗位的必备技能。上一节讲到利益相关者分析的重要性，给大家提供了一份利益相关者分析清单。在进行利益相关者分析时，非常重要的一项技能是访谈技能，这也是培训需求挖掘的重要方式。

基于培训需求访谈的特点，我们总结出访谈的六个步骤，如图 1 所示，同时在节末提供了针对高管、学员上级和学员的简易提问清单。

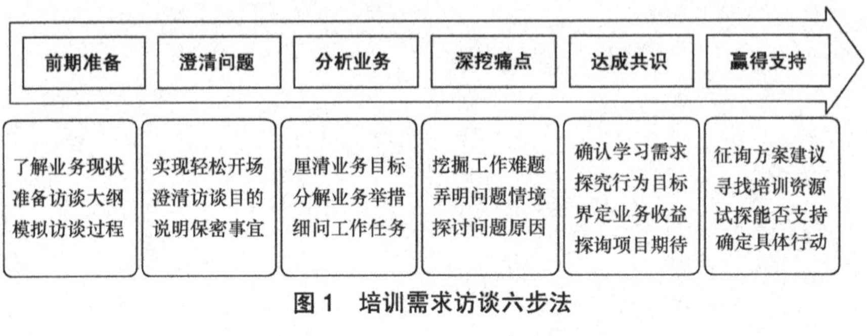

图 1　培训需求访谈六步法

步骤一：前期准备

（1）了解业务现状

凡事“预则立，不预则废”，不打无准备之仗。前期准备越充分，越能体现培训经理的专业度。这里的准备包括对业务部门最近的业务状况、新的举措、运营中的问题和挑战要熟稔于心，甚至要对大概的问题和产生原因有前期假设。所谓“大胆假设、小心求证”，要求访谈者在访谈前就对被访谈者的问题有大致判断。

（2）准备访谈大纲

基于前期的了解准备访谈大纲，尽管在访谈时对方很可能不按照大纲的顺序出牌，但是大纲让我们可以在流程上有节奏地把控，也提醒自己哪些维度没有关注到。在第二步开始，我会示例一些访谈的问题和话术。

（3）模拟访谈过程

在部门内部进行模拟是非常必要的步骤，因为对方很可能只给我们一次机会，我们可以模拟对方是任意性格的被访谈者，这样可以有针对性地找到各种应对举措。对方可能是沉默者，那如何打开对方的话匣子？对方可能是滔滔不绝型，那如何把他拉到我们的访谈目标上来？就像我们去面试、述职、竞选、相亲一样，任何重要的沟通之前都需要做好充分的准备，尤其是进行大量的模拟练习，在增加熟练度的同时提前发现可能存在的问题，并予以解决。当然，在访谈之前我们还要和对方能够就访谈时间、访谈的环境等达成共识，以让对方能够提前做好安排。

步骤二：澄清问题

这一步的关键目的是建立亲和与信任，让对方认识到我们的目标是一致的，我们是希望来帮助业务成长而不是收集他们的听课需求的。很多朋友会说，业务部门不配合我们的访谈，那其实问题不在于你的访谈技术，在于你前期没有和业务部门建立起良好的信任关系，或者以前组织的培训项目没有给对方提供太大的价值，让对方对你的专业基础不信任。

（1）实现轻松开场

轻松开场是为了使得双方不要太拘束，聊聊天气，谈谈最近公司出现的热点等，当然如果对方已经有很充足的准备，那可以省去这一步骤。

（2）澄清访谈目的

澄清访谈目的尤为重要，要让对方意识到我们是来帮助他们的，而不仅是为了获取我们的培训需求而来，常用的话术有：

“看看我们能够在培训方面帮助咱们业务部门解决哪些问题。”

“为了更好地支持业务工作，我们来向咱们业务部门学习。”

“为了让我们的学习项目更有针对性，希望能够挖掘更多业务痛点。”

避免的问题是：直接问对方有什么培训需求？这样对方很容易会说出我们不用访谈也知道的模糊、笼统、通用的需求，比如，“销售技巧”“沟通”“礼仪”……

（3）说明保密事宜

说明保密事宜的目的是让对方可以放心地与您沟通。因为很多时候访谈过程中会涉及一些敏感问题，有可能是与公司的制度流程有关，也可能是与个别员工的不良表现有关，所以，说明保密事宜可以让对方从内心打消一些顾虑。常用的话术有：

“我们将为您提到的敏感信息保密，请您放心和我们说。”

“我们仅记录其中与培训需求相关的内容。”

步骤三：分析任务

注意：非常关键的一步，不可跳跃，不可省略，要往“细颗粒度”问。这里的逻辑是先谈业务目标，为了完成业务目标我们业务部门采取了哪些举措，而为了完成这些举措，我们哪些岗位需要完成哪些具体的工作任务。

（1）厘清业务目标

聚焦业务部门的业务目标。其目的是让业务部门明白我们和他们的思维逻辑是一致的，都是为了实现业务目标，不是为了培训而培训，也不是仅仅为了提升员工的能力。常用的话术有：

“咱们今年（这个季度）的业绩目标是多少？”

“销售收入和利润指标分别是多少？”

（2）分解业务举措

基于业务目标分解业务举措。作为访谈者，非常重要的一个技巧是思维的逻辑，这里的逻辑一定是为了完成目标而要有的具体举措。常用的话术有：

“那为了完成这些指标，咱们都采取了哪些举措？”

“您可以具体解释下吗？比如，在产品、客户、营销、服务等方面。”（这句是在对方不能清晰说明其举措时的进一步引导话术。）

（3）问细工作任务

基于业务举措分解到员工的工作任务。这里的逻辑是既然采取了这么多举措，那就得有人来完成。需要注意的是，这个部门的岗位可能有多个，最起码有领导和下属，我们访谈时可以先专注一类员工，问清楚后，再访谈第二类员工，避免混淆在一起。比如，如果是专注于销售人员就先把销售人员的工作任务问清楚，然后再问领导。同时，这里分解到员工的工作任务一定是具体的、能够看到工作行为的、细颗粒度的。

举例，如果对方说“就是要客户经理提升客户满意度”，其实这里的提升客户满意度是工作目标，而非工作任务，而工作任务指为了提升客户满意度需要客户经理做哪些具体的工作。比如：

- 寻找目标客户群；
- 约访目标客户；
- 及时处理客户的订单需求；
- 更深入地挖掘客户的业务需求；
- 呈现公司产品的优势；
- 加强对客户关系的维系；

……

常用的话术有：

“为了做好（某些工作或目标）……需要（某个岗位）……做什么？”

“你认为一次优秀的（工作或目标）……需要做哪些事？”

比如：

“为了做好客户拜访需要客户经理做什么？”

“您认为一次优秀的客户拜访需要做哪些事？”

“您可以具体介绍下客户经理每天做哪些工作吗？可以举个例子吗？”

“然后呢？”（注意，这里对方在描述时往往是按照逻辑步骤来展开，如果不是，要尽量引导对方按照工作流程或步骤展开，边问边记录，访谈者要在纸上或大脑中勾勒逻辑图。）

“还有呢？”

这些问题可以让对方从泛泛而谈变为不断细化思考，深化对岗位的认知。需要提醒的是：我们发现很多学员在访谈时，略过这一步直接进入第四步，问对方目前存在的问题。这样做的风险是：对方说出很多非培训能解决的问题，或者不是基于员工工作情境提出的需求，让我们无从下手。比如，对方可能直接会说：“产品不好卖”“90后不好管”“市场竞争激烈”。这些问题确实也是问题，但是都归于外因，而不是从员工工作情境入手找痛点，让培训很难与其关联。

步骤四：深挖痛点

深挖痛点是在具体工作岗位，具体工作任务下深挖有哪些痛点的地方，也就是做得不到位、易出错或有挑战的地方。

（1）挖掘工作难题

切记，这里要围绕着前面分析出的工作任务来挖掘工作难题，避免重启话题。常用的话术有：

“您提到客户经理的第一条工作任务是寻找目标客户群，在这方面他们表现如何？有什么困难吗？”

“您提到客户经理的第二条工作任务是约访目标客户，在这方面他们表现如何？有什么困难吗？”（要一条一条工作任务去问，直到全部问完。）

“可以具体描述下吗？”

（2）弄清问题情境

这里需要避免泛泛而谈、被访谈者预设结论，没有事实和依据。举例，如果对方说：“我们的员工情商不高”，这里就是提前下结论。所以访谈者需要追问，问清具体的情境。常用的话术有：

“员工什么表现让你感觉情商不高？”

“您可以举一个具体的例子吗？”

对方可能会说：“他们和客户一起坐电梯时不知道给客户按电梯，和客户吃饭时不会找话题聊天。”这里我们可以看出来，对方把商务礼仪方面的问题当成了情商方面的问题。

（3）探讨问题原因

即使是商务礼仪方面的问题，也需要判断这是一个员工的问题还是大多数员工的问题？员工是否知道如何正确地接待客户？在其工作职责里是否有这样的具体要求？是否接受过类似的培训？有没有可能是他们知道如何正确接待客户，但意愿上产生了问题？所以在深挖原因时要和对方达成共识，找到产生问题的真正原因。常用的话术有：

"产生这个问题的员工约占多少比例？"

"他们是否清楚公司或领导对他们的要求？"

"他们在接受这项工作上的意愿度如何？"

"他们有没有接受过此类培训或训练？"

"在这方面有没有人给他们进行过相应辅导？"

"您看这些问题哪些是员工个人技能需要提升的部分？"

步骤五：达成共识

（1）确认学习需求（《培训进化论》中为"探寻个人诉求"）

经过前两步的访谈，我们已经基本挖掘出员工的痛点，并厘清哪些可以通过学习手段解决。这里要和对方进行确认，常用的话术有：

"您看，经过以上分析，客户经理是不是在以下方面需要加强？"

"基于员工的日常工作，我们培训是否可以帮助加强以下这些方面的技能？"

（2）探究行为目标

探究行为目标是判断通过培训对方期望学员的行为发生具体什么样的改变，以进一步明确对方在这件事上的培训目标。如果期望太高，那我们可以将其调整到可以实现的水平上。记住，这里一定是行为目标，如果对方说，"就是让他们提升销售技巧"，这样的目标就太模糊。我们可以围绕着每一个需求，让对方谈期望，常用的话术有：

"在第一条需求方面，您希望学员培训后发生哪些改变？"

“您希望学员经过训练后，在工作行为上发生哪些改变？”

（3）界定业务收益

界定业务收益是进一步明确培训与其具体的业务指标的关联度，比如，促进业绩达成率、提升客户满意度、缩短运营周期等，如果关联度很低，对方的参与度可能就会低。常用的话术有：

“解决这些问题，能给咱们部门带来的收益有哪些？对于学员个人有哪些收益？”

（4）探询项目期待

如上文所述，我们要挖掘利益相关者对于项目的期待，尤其是在项目结束时评价项目是否成功的标准是什么。常用的话术有：

“您对项目有什么样的期待？”

“当项目实现什么样的目标时，您会满意？”

“您希望项目结束时能输出什么样的成果？”

“您评价项目是否成功的标准是什么？”

步骤六：赢得支持

（1）征询方案建议

其实，问题的解决方法有可能就在对方那里。对方可能会给予相应的建议。比如，培训内容、学习方式，如何推动学员落地的举措等。常用的话术有：

“为了解决这些问题，您有哪些建议？”

“为了促进学员后期应用这些方法论，您认为如何督促他们改变？”

（2）寻找培训资源

探询对方能否在讲师资源、案例资源、场地资源等方面给予相应的支持。因为对方在行业里有经验，也很可能会掌握一些培训资源。常用的话术有：

“您有熟悉的老师可以推荐吗？”

“您团队里有这方面做得比较好的同事可以给大家做分享吗？”

（3）试探能否支持

进一步，探寻对方能否成为支持者，不是直接问是否支持，而是探寻对方能否出席培训中的关键环节、能否担任分享讲师、能否帮助督导培训纪律，或者能否帮助宣传学习项目等。如果对方愿意在学习项目中付出更多努力，那就是我们的支持者了。常用的话术有：

“您看您在项目里可以给我们提供哪些支持？”

（4）确定行动计划

评估沟通有效性的一个重要标准就是最后能否形成下一步具体行动计划的共识，包括开会谈判等。行动计划就是双方接下来具体都要做什么事，采取什么样的行动。可能后期我们还需要进一步访谈、确认需求或方案。比如：培训经理下一步在什么时候把方案初稿给对方看，业务主管下一步什么时间帮助联系培训师。常用的话术有：

“您看下一步我们还需要进行哪些沟通和确认？”

“您什么时候接受进一步访谈，我们一起来确定具体的方案？”

以上是基于正常访谈六步法的常规流程，下面介绍我在观察学员访谈过程中发现的问题及建议。

（1）毫无准备

学员对对方的组织架构、员工规模、业务模式没有任何了解，甚至不准备访谈大纲和笔记本。这样容易造成对方感觉你太不了解业务或不够重视，不容易深入挖掘需求。

解决方法：将相关资料准备充分，必要时找对方团队内的朋友帮忙，或者可以了解对方的兴趣爱好、性格特点等信息，以便更好地展开话题。

（2）预先假设（封闭式问题）

访谈的一大忌讳就是：像是在访谈，实际已有答案。用过多封闭式问题，让对方顺着自己思路走，就像是在验证自己的结果，其实没有给对方思考的空间，不能获取更多信息，实际上相当于没有访谈，因为你获取到的所谓需求本身早已在你心中。比如：

- 导购人员是不是缺乏推荐高端产品的意愿？
- 店长在开会时是不是自己说得太多，而提问太少？
- 员工销量低是市场竞争的原因，还是本身产品的原因？

解决方法：将封闭式问题改为开放式问题，多问事实和方法。上面的问题可以改为：

- 导购人员是如何向客户推荐高端产品的？
- 店长在开会时如何与员工讨论问题？如何做出决策的？
- 员工销售业绩差是由哪些原因造成的？

（3）建议多于问题

自己说的比对方说的还要多。以建议者自居，最后学员发现没有获得任何需求。出现这种现象的原因可能有两种：一是被访者问你的建议，你直接开始给答案了；二是自己在这方面确实有很多积累，控制不住表达的欲望。

针对第一种情况的解决方法：即使给方法，也要让对方先说清楚实际情况。比如：

- 我们确实有一些课程，但每个团队的情况不同，我们希望听听咱们这边的具体情况再给出建议；
- 我们希望能够给出针对性的建议，您给我们提供的信息对于后期做方案将非常重要，所以先调研下您这边的情况。

针对第二种情况的解决方法：将建议改为问题。比如：

如你想建议他们多开展复盘，可以这样问：咱们团队里有很多优秀的员工和案例，有什么方法可以增加员工之间的交流？

（4）颗粒度太粗

颗粒度代表了所获取信息的深度和细度。比如，我们获取到的都是销售技巧、拜访技巧、沟通技巧、商务礼仪这样的词汇，那就是颗粒度太粗。其实这些需求我们不访谈发问卷也可以获取到。如果被访谈者提到的需求是这些粗颗粒度的词汇，我们就要往下深挖。比如：

- 您能具体描述下销售技巧包括哪些方面吗？
- 您能说明一下员工欠缺沟通技巧有哪些具体的表现吗？
- 您可以列举一下具体的销售流程，说明员工在哪些方面需要加强吗？

（5）没有逻辑和章法

学员没有按照上面六个步骤展开，问了痛点，问建议，问了原因又问工作任务。以上六个步骤也是问题分析和解决的基本流程。如果学员在提问时不按照逻辑提问，那对方就会觉得访谈者逻辑混乱，被问得稀里糊涂。

解决方法：按照六个步骤，列好问题清单，按照逻辑提问。

（6）任由对方发挥，未能及时打断

没错，该打断时还是要打断。有些被访者很健谈，属于典型的红色性格，然而讲的很多内容早就偏题，作为访谈者我们要掌控整个访谈流程。

解决方法：恢复焦点，言归正传，适时地以提问切入，这样既给了对方表达机会，又显得不突兀。比如：

您刚才提到的销售人员无法深入挖掘客户需求问题，能给我们具体说说他们的表现吗?

（7）过多打断

与不敢打断相反的例子是过多打断，其实这是学员不擅长聆听的表现，也是不礼貌的表现。如果对方还没有说完一句话或者一段话，我们打断，往往可能是我们内心已经有了假设，有了答案，然而这个答案也许是不客观不真实的，打断后就让我们失去了很多信息。

解决方法：黄金4秒。等对方说完一句话后，默数4秒，如果对方又开始说话了，那我们就做到了“不打断”；如果对方还没有开口，那我们可以开口说话了。

（8）过多使用“为什么”

尽管学员在挖掘造成问题的原因时至少要问五个“为什么”才能找到真实原因，然而问多了“为什么”会给对方质疑的感觉。

解决方法：变“为什么”为“是什么”。

大家为什么不愿意推广高端产品呢？

改为：是什么原因让大家不愿意推广高端产品？

为什么我们不让优秀员工来做内训师呢？

改为：不让优秀员工来做内训师，是什么原因呢？（出于怎样的考虑呢？）

（9）反问句

尽管反问句还是以问题的形式出现，但实际上包含了个人感情色彩和评价态度。比如：

- 您难道不认为这是管理者的责任吗？
- 您不认为产品销售不出去，是咱们销售技能的问题吗？

这样问，势必造成对方的反感，很容易造成敌对或者访谈过早结束。

解决方法：调整心态，先问事先准备好的问题。

（10）缺乏记录、确认与复述

记录下重要信息，可以帮助自己梳理思路，也是对对方的尊重，必要时要复述对方的重要观点，并进行确认。请注意这里是基于提炼总结的复述，而不是过多演绎。

如果对方说，销售人员在提交给客户方案后，不能根据客户的特点，将我们的产品特点展示给对方，促成成交，经常是石沉大海。如果我们是按照下面的说法，就过多演绎了。

- 看来销售人员的主动销售意识太差啊。
- 看来销售人员的销售技巧很差啊。

解决方法：提炼对方表达中的关键词，进行概括。比如：

- 您的意思是销售人员在呈现方案方面需要加强吗?
- 您的意思是销售人员无法有效呈现我们方案的针对性吗?

（11）过多封闭式问题

封闭式问题其实是对我们自己内心想法的验证，而并没有获取到对方更多的信息，不能给对方思考的空间，所以要多采取开放式问题。

（12）语气语调的应用

我们的语言是一个方面，而语气语调的配合非常重要。同样一句话，不同的语气语调，对方的感受是不一样的。在访谈时，语气语调要用好奇的、探询式的、开放性的语气语调。

在教练对话中，我们称这样的状态为教练状态，即放空自己的、只管理流程的、不带假设的、相信对方有解决方案的、保持中立和探询的……

最后，需要说明的是，以上访谈流程是基于学员上级的一套完整流程，而利益相关者分为高管、学员上级和学员等，接下来我们基于三类利益相关者为您提供一份简易的问题清单，如表2所示。

表2　培训需求访谈

访谈对象	访谈重点	收集到的主要需求
高管	① 公司的战略方向 ② 领导关注的重点人群 ③ 领导对员工整体素养的要求 ④ 对中层干部的要求和希望改善的地方 ⑤ 领导对培训的期待	

（续表）

访谈对象	访谈重点	收集到的主要需求
学员上级	① 部门的业绩指标 ② 采取的重点举措 ③ 对员工工作任务的要求 ④ 认为员工当前的主要问题 ⑤ 对培训的期待 ⑥ 可以提供的支持	
学员	① 主要工作任务 ② 工作中的痛点 ③ 对培训的期待	

高管提问清单（主要是围绕着战略关注点）：

① 咱们今年的战略重点有哪些？

② 针对每一条战略重点，您认为对我们各部门提出了哪些具体要求？他们需要采取哪些具体举措？

③ 这些举措对于我们不同层级和岗位的员工提出了哪些具体的要求？

④ 从您的观察来看，您认为他们在哪些方面需要提升？

⑤ 您希望我们的培训对他们产生什么样的影响？

⑥ 您希望我们的培训项目产生什么样的效果？

⑦ 您对我们的培训工作还有哪些建议？

学员上级提问清单：

① 今年咱们部门的业绩指标是多少？

② 为了完成这些指标您有采取哪些新的举措吗？

③ 这些举措对……人员提出了哪些新的要求？

④ 这些工作任务中哪些是您认为存在挑战的？或者哪些是绩效存在差距的？

⑤ 在实际工作中，您会在哪些工作情境中面临这些挑战？可以举具体的案例吗？

⑥ 您认为理想状况下，应该达到什么样的水平？有案例或标准可供参考吗？

⑦ 这些挑战哪些是因为知识和技能不足造成的？也就是说哪些是通过培训可以解决的？

⑧ 您希望培训后达到的业务收益有哪些？

⑨ 您希望培训后学员的行为有哪些改变？

⑩ 您觉得应该如何判断学员发生了这些改变？依据是什么？成功的标准是什么？

⑪ 您希望培训能产生什么样的效果？

⑫ 您希望在这次培训中为学员的改变做出哪些支持？（针对学员上级）

⑬ 为了保证培训效果的落地，您觉得可能的障碍有哪些？您有什么应对的方法建议吗？

⑭ 您的下属中哪些是可以为我们提供优秀案例或者担任讲师的？

⑮ 您对于我们的培训还有哪些建议？

学员提问清单：

① 您从事当前的工作岗位有多长时间了？

② 您当前的主要工作职责是什么？

③ 您认为一个优秀的……需要具备哪些能力？

④ 您认为为了做好……需要完成哪些工作任务？

⑤ 今年咱们的业绩指标是多少？

⑥ 为了完成这些指标您有采取哪些新的举措吗？

⑦ 这些工作任务中哪些是您认为存在挑战的？或者哪些是绩效存在差距的？

⑧ 在实际工作中，您会在哪些工作情境中面临这些挑战？可以举具体的案例吗？

⑨ 您认为需要学习哪些知识和技能来应对这些挑战？

⑩ 您希望参加这次培训后有哪些收获？

⑪ 为了使培训效果落地，您在培训后会采取哪些举措？

⑫ 您身边有同事可以担任这方面的讲师吗？

⑬ 您对培训还有哪些建议？

表3 基于业务痛点的培训需求分析——培训要解决问题

经过前面的调研分析，我们需要将需求分析出来，以便制定相应的解决方案。在分析需求时，我们可以从战略发展、工作任务和员工成长三个维度进行分析，以工作任务作为分析的主维度，其他两个作为补充。

从组织的战略发展分析员工的学习需求

基于战略的学习需求分析目前用得较多的工具是平衡计分卡，又称战略地图（如图2所示），用于组织内进行战略的分解和落地。平衡计分卡是先帮助组织将财务指标分解到客户指标，然后分解到各部门的运营举措，基于各部门各岗位的运营举措分解至员工的学习和成长需要。但大部分企业的战略规划中很少涉及运营层面和学习与成长层面的内容。需要说明的是，从组织落地这些战略举措来看，绝非仅仅是通过培训员工能力就能解决的，这需要组织在资源配备、流程重构、制度保障等方面予以支持。

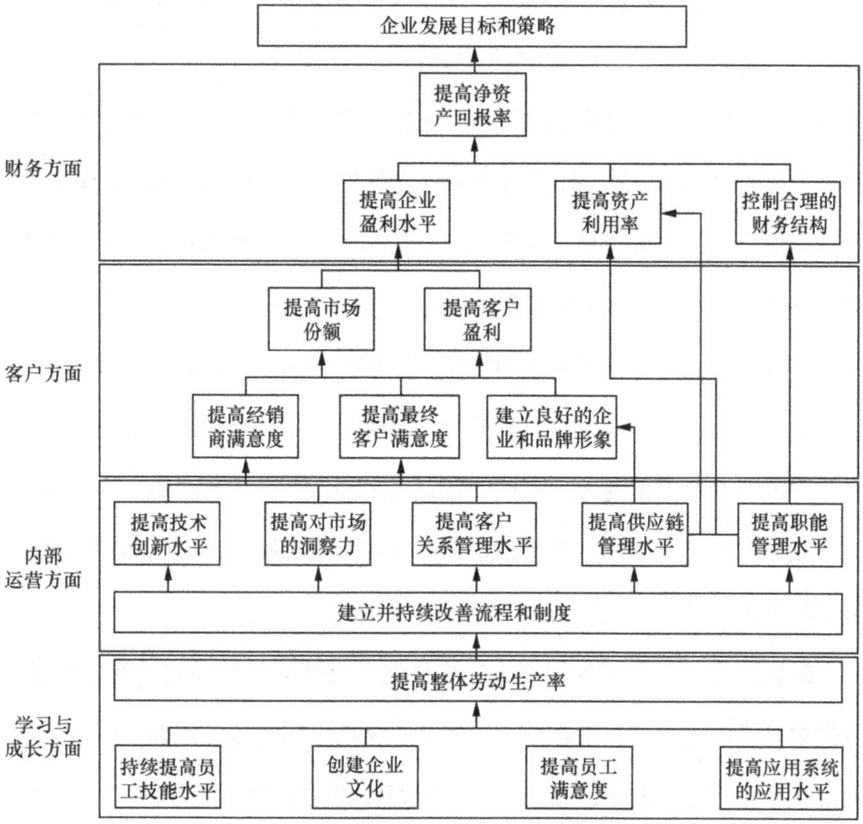

图 2　平衡计分卡

在此，我们主要分析战略发展对于员工技能培养的需求。对于各部门、各岗位的要求从战略发展角度来看，基于创新的要求，员工需要接受部分新的工作要求，可能是新的工作任务，也可能是新的工作指标，还可能是新的工作方式。基于这些新的要求，我们来分析员工在知识和技能方面的学习需求，有必要的话，通过前面所说的调研和焦点小组等方式进行分析。毕竟涉及业务方面的分析，业务专家更专业，同时有他们的参与，在未来实施培训时也容易赢得他们的支持。

如何使用平衡计分卡分解学习需求呢？举例：一家羽绒服公司，原来的销售主要是线下零售渠道，今年开始进入线上渠道。

首先，我们要将企业的财务指标包括财务收入、利润率和提高投资回报等分解到相应的渠道（线上渠道和线下渠道各多少），然后分解到直营和代理渠道，同时分解到每类或每款产品的销量、销售额和利润，有时也会涉及每个渠道的客户满意度等维度。

其次，我们需要完成相应的指标，渠道拓展部门、门店运营部门、产品研发部门和物流部门要形成具体的举措满足公司战略拓展的需要，必要时需要成立专门的电商业务部门、营销策划岗、产品运营岗等。为了完成上述业务指标形成具体的举措，包括如何提升用户购买体验、如何提高供应链及物流配送效率、如何改善并优化流程等。

最后，员工工作内容和要求的变化也会对他们的技能提出新的要求，我们要基于此来挖掘员工在岗位上有什么样的学习需求。比如，营销策划岗要学习线上活动的策划和运营，产品运营岗要学习线上运营。

这是基于平衡计分卡工具进行战略分解的常规路径。培训顾问最后会得到匹配相应工作岗位的学习需求。有兴趣的朋友可以专门研究下平衡计分卡。为了简化这一过程，笔者提供一张图供参考，如图3所示。

其简化理解为：

第一步：首先明确企业的财务指标，如销售收入、销售利润等；

第二步：财务指标分解到具体的客户群体，以及为他们提供什么样的产品和购买体验；

第一步 财务指标	第二步 客户和产品		第三步 内部运营			第四步 学习和成长
	客户	产品	部门	岗位	工作	学习需求

图 3　基于战略地图分解四步走（FCOL）

第三步：为了给客户提供良好的购买体验，哪些部门的哪些岗位需要在工作任务上做出哪些调整；

第四步：这些岗位在工作任务上的挑战，员工需要学习哪些知识？提升哪些技能？

需要说明的是，公司可能会同时推出多个战略举措，而每个战略举措都会影响到多个岗位，也可以说一个岗位会受到多个战略举措的影响。在这样交叉影响的过程中，我们就会分析出支撑战略落地的重点岗位。而这些岗位往往是前端岗位，比如，销售人员、产品设计人员、渠道人员等。

最近在中国移动某分公司讲课，他们正在推行 ICT（Information Communication Technology，信息通信技术）产品，大力发展宽带业务，深入重点客户经营等策略，经过分析最为关键的岗位就是客户经理和产品经理。所以，公司有必要针对这两个岗位实施重点培养项目。再比如，银行每年推出新的产品和新的策略，最后要实现落地，关键岗位就是客户经理、产品经理和支行长。

所以，作为培训负责人，我们有必要时时关注公司的战略变化，分析这些变化对于员工能力的新要求，界定清晰的人才培养需求。

从员工日常的工作任务分析学习需求

“我们需要执行力的培训”“员工沟通能力太差了”“我们需要提升销售技巧”，作为培训人（培训经理、培训机构或培训师），您是否每天在面对着这样模糊的需求？您的第一反应是什么？马上找老师，还是深入挖掘业务需求？在 DDI《全球领导力展望 2014—2015》报告中，关于正式学习的障碍，最为关注的两个是：与工作的相关度不够；与业务困境相关度不够。所以，执行力、沟通、责任心这样的课程最大的问题就是与学员工作和业务困境相关度不够，或者说没有找到学习产品所需要解决的场景。我们建议通过以下三个步骤分析精准的培训需求。

第一步：细分工作任务

这要求我们在分析学员的需求时要基于其实际的工作情境。关于工作情境，我们总结了六条标准。

① 描述一个人在执行一次工作时完整的工作行为。

② 动宾结构：以动词开始，包含一个宾语。

③ 独立穷尽（MECE：Mutually Exclusive，Collectively Exhaustive）。

④ 单一工作情境，有输入和输出。

⑤ 简短：控制在 10 字以内。

⑥ 通常有五条以上。

其实，最主要的要求就是要细化颗粒度，想象员工具体的工作情境，比如，对于销售人员，其工作情境有哪些呢？不是提升销售额、拜访客户、与客户沟通这些场景模糊的描述，而是要具体到提升销售额需做哪些工作？拜访客户前、中、后要做哪些工作？与客户沟通的情境到底有哪些？

这些我们在前期的访谈清单中已经详细描述过，需要在调研利益相关者的过程中与他们进行细化。

第二步：分析工作痛点

找到具体的痛点，包括缺乏相应意识、与标准相比有差距、遇到的内外部挑战等。需要说明的是，未必所有的问题都是培训能够解决的，我们需要分析哪些问题是需要组织在制度、流程、考核激励等方面做出优化。我们也可以将这些问题作为向利益相关者汇报的内容，以求得利益相关者在更大程度上的支持以及对前期调研成果的认可。

比如，销售人员在拜访客户前需要准备拜访策略，但是很多销售新人没有这样的意识，那就有必要告知他们充分准备的重要性；也有部分新人知道需要做准备，但是不知道如何准备，那就需要培训相应的方法论。这也是我们为什么在上一步中强调要细化颗粒度，如果在需求分析时，仅仅是拜访的客户有问题，那显然颗粒度太粗，得到的学习需求也过于模糊，缺乏针对性。

我们称之为学习需求而非培训需求，强调员工学习这些内容未必都是通过正式的课堂培训获取，而是可以通过更多元化的渠道学习，尤其是在移动互联网时代，获取知识的方式越来越多元化，切勿将思维固化于培训这一种手段。

第三步：匹配学习内容

从学习内容来看，除了传统的“ASK”（Attitude，态度；Skill，技能；Knowledge，知识）分类方式外，还可以用“意义、标准、信息、理论、技巧、方法、原则、流程”这样的分类方法，这类方法不仅可以分类而且可以分层，不同阶段学习内容的侧重点也有差异，如图 4 所示。在我看来，员工更需要提升的是链接工作任务的技能而非纯知识。这也是为什么知识萃取、课程开发、内训师培养在组织中大受欢迎的原因，因为外部的通用性技能越来越难以解决组织的实际业务问题，而最好的老师往往在我们的身边（组织内部）。

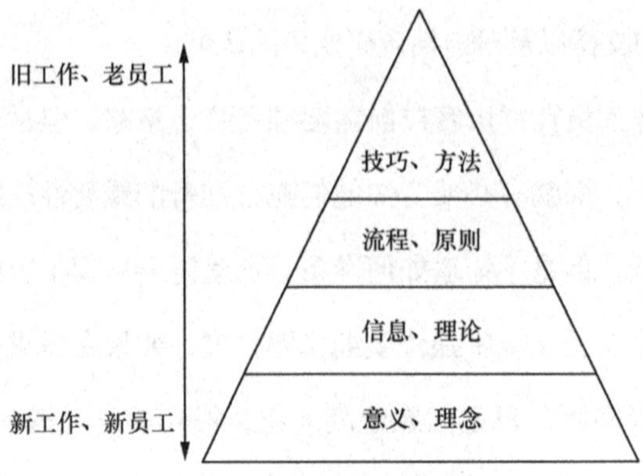

图 4　不同阶段学习内容侧重点

对于刚入职的员工，公司需要建立他们对于工作的信念感，并逐步指导他们做事的基本流程、原则和方法；而随着工作经验的增加，他们对于基础知识和理论的需要越来越少，希望能够有方法、技巧解决工作中的挑战。如果这时公司遇到了员工工作态度的问题，通过简单的培训来提升他们的工作意愿已经很难了，因为这些问题的发生往往是组织环境方面的原因造成的。同样，对于新的战略举措、新的工作任务，也是要从底层先建立起大家对于工作的信念感，建立工作标准、流程和规范，然后是不断复盘积累工作的技巧。

所以，对于培训顾问来说，我们需要深入分析这些工作任务及挑战到底属于什么类型，解决它们需要什么差异化的解决方案，需对症下药而非一概而论。

下面我们用银行客户经理的一个案例来示范以上三步分析的结果，如图 5 所示。

学员对象：客户经理

工作任务	挑战、问题、困境	可能的原因	需要学习的内容
挖掘目标客户	找不到潜在客户源； 不会使用数据分析等方式	缺乏相应技能训练	寻找客户源的方法； 数据挖掘的方法
拜访目标客户	约访不到客户； 客户拒绝后不能再次约访	约访技巧问题； 不能坚持	约访技巧； 二次约访技巧
挖掘客户需求	挖掘方式单一，不会提问	缺乏访谈技巧	客户需求访谈技巧
匹配服务方案	服务方案设计令客户不满意； 不能有效凸显公司优势	缺乏方案设计和呈现技巧训练	方案设计； 呈现技巧
推动后期成交	……	……	……
维系客户关系	……	……	……
开展微信营销	员工积极性不高； 不知道如何进行微信营销	激励制度； 微信营销方法	

图 5　银行客户经理培训案例分析

员工个人成长需求作为补充

从员工成长的角度来看，需求包括：一是前文所说的基于提升绩效，胜任当前工作任务的补差性需求；二是为了更好成长的储备性需求，让员工胜任未来将要晋升的更高岗位。这类储备性需求，往往是针对优秀员工，以培养各级别的储备干部。

储备性需求，必须是员工当下或马上就要用到的技能。如果员工学到的技能不是能够马上用到的，很可能就会变成惰性知识，等到需要用时已经遗忘。比如，公司希望在普通的销售员中选拔一批优秀员工作为储备干部，这时如果要培养他们的管理能力，有点为时过早，毕竟尚未成为正式的销售管理者，这很可能是种浪费。如果公司从中选择一批员工做新员工的导师，尽管他们还不是正式的管理者，但是在这个过程中可以培养他们辅导他人的技能，并且马上就可以用在辅导新员工中，当然这也会产生一个新的问题，那就是如何在制度流程上予以保证，以确保他们的积极性。

所以储备性需求，并不是针对所有员工的，而是针对组织的战略型人才，帮助他们从当前岗位向更高岗位平滑过渡。

最后用一张简化的表来总结以上需求的分析结果，如表3所示。针对某一特定的学员群体，从其工作任务和痛点来分析需求，然后再补充基于工作战略重点对其学习的要求以及个人职业成长需要的学习内容。

表 3　基于业务痛点的培训需求分析

学员对象：　　　　　职级：　　　　　　　工作年限：

<table>
<tr><th>工作任务</th><th>挑战（问题）</th><th>学习内容</th></tr>
<tr><td></td><td></td><td></td></tr>
<tr><td></td><td></td><td></td></tr>
<tr><td></td><td></td><td></td></tr>
<tr><td></td><td></td><td></td></tr>
<tr><td></td><td></td><td></td></tr>
<tr><td></td><td></td><td></td></tr>
<tr><td colspan="2" rowspan="3">补充：
基于战略重点的学习内容</td><td></td></tr>
<tr><td></td></tr>
<tr><td></td></tr>
<tr><td colspan="2" rowspan="3">补充：
员工个人成长的学习内容</td><td></td></tr>
<tr><td></td></tr>
<tr><td></td></tr>
</table>

第二章
以终为始，确定人才培养目标

表4 学习项目的利益相关者分析——No Sponsor，No Result

在福特汽车公司，人力资源部深知"No Sponsor, No Result!"的重要性，因此针对业务管理层做了大量的沟通和教育，这其中包括与管理层即所有部门的总裁、副总裁及总监级别管理者的互动，最终获得了亚太区总裁的支持和认可，一同参与项目，鼓舞着全体中高管层担任内部讲师。

学习与发展团队还动员了福特人才发展委员会（分别由各层级的主要直线经理组成），通过人力资源战略伙伴协调的人才回顾、发展机制，把"Leading by Teaching"的战略和执行计划推广到更深、更广的程度。

这是《中国企业学习管理状况调研报告》中关于福特汽车"Leading by Teaching"项目介绍的一段文字。这段文字提醒我们培训中赢得"Sponsor"支持的重要性。

记得在国药大学时，我们开展内训师培养项目，认为某家子公司从员工规模、公司实力来看最适合做该项目，邀请公司配合，对方没有当面拒绝，但是真正讨论具体开展时间和相关细节时，对方以业务忙等原因表现得并不是特别积极。于是，我们找到了几家支持度较高的子公司，有了他们的积极配合，在全国开展内训师选拔和培养工作就水到渠成了。

我曾建议企业在组织培训时，采取自愿报名的方式。有朋友问我："张老师，如果没人报名，那岂不是很没面子。"我说："任何培训班在开展之前一定是已经赢得了很多支持者，在这基础上才开展该项目，也就是说你发出通知前，应该已经早已确定哪些人会报名。"

在需求调研、方案设计和项目实施的过程中，顾问要邀请支持者参与进来，他们参与得越多、参与得越深，项目就越容易实现。首先一般人不会反对他们自己参与设计的方案，其次有了他们的参与，这个项目就像是自己的项目了，实施力度肯定会高于没有参与的项目。

你要分析的不仅仅是需求

表 2 的访谈清单中讲到，分析需求不仅是要分析学员在当前工作任务中需要培养什么样的技能，还需要深入挖掘他们的期待、诉求以及评价项目成功与否的标准。众多关于设计的书籍或课程中会提到要界定培训带来的业务收益，但这仅仅是利益相关者的显性需求，那他们的隐性诉求呢?"销售罗盘"课程中曾经提到"组织赢"和"个人赢"的概念，"组织赢"就是我们常说的业务收益，给组织带来的好处；而"个人赢"就是个人诉求，包括展现个人魅力、提升影响力、巩固权力、受到尊重、显示专业地

位等方面。这对于培训人的要求是要赢得它们的支持，不仅要关注组织诉求，还要思考它们为什么要支持我们？如何在培训中满足个人诉求？

需要扫描组织众多部门

想想看，一个成功的学习项目需要赢得哪些人的支持呢？可能不仅仅是业务部门负责人，如图 1 所示。

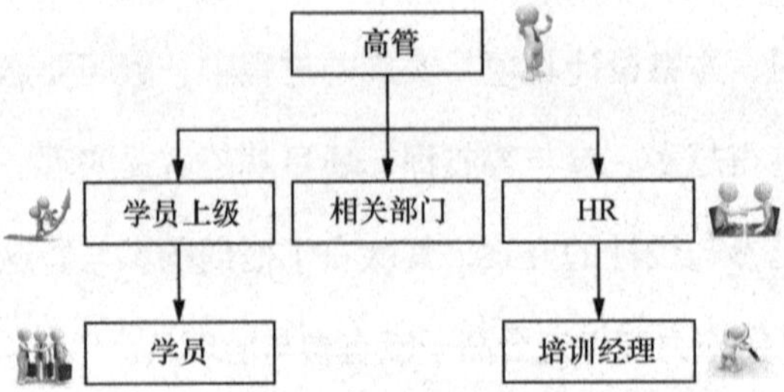

图 1　项目支持者

培训经理很容易忽视 HR 的支持，如果培训部门和 HR 部门负责人分别向两个领导汇报，难免也会产生一些争执。曾经有多个朋友抱怨 HR 部门和业务部门对培训项目不支持。不能忽视的是，培训工作是为了支持员工发展，也是人力资源六项职能中的重要一项。所以，培训如果能够与员工的职业发展、晋升、绩效薪酬等挂钩，那将会极大地提升培训效果。如果人力资源的其他职能都不支持、不参与甚至反对培训工作，那势必使培训工作举步维艰。

而相关部门是哪些部门呢？这包括与每一个学习项目有关的部门，比如，财务部门管控着公司预算，肯定得赢得其支持；销售类培训，也要赢得业务相关部门的支持，如产品部、市场部、采购部等。培训人员要通过访谈，挖掘它们对于项目的期待，赢得可以提供的支持。

培训要契合高管层的战略方向

赢得高管支持是培训管理者的关键任务，记住是需要我们去赢得，而不是想当然认为高管就该重视培训。高管层在整个培训工作中可以提供的支持有哪些呢？这包括明确战略方向、给予资源（费用）支持、给予政策支持、参与相关环节和表明重视态度，如图2所示。

战略方向	资源支持	政策支持	部分参与	表明态度
为什么要培训？公司重点是什么？对培训的期望是什么？	费用预算 人脉 培训场地	与培训相关的制度，包括晋升、考核等	讲课、开班、结业、评委、点评嘉宾等	在一些场合表明对培训的重视

图2　高管层在培训工作中提供的支持

需要提醒的是，在与高管沟通挖掘培训需求时，高管更多的是提出具体的期待和重点的培养方向，他们对于一线员工的具体工作任务可能不太熟悉，无法给出具体细化的建议。

如何赢得高管支持呢？赢得高管支持最主要的是分析组织需求和要求，如果希望他们能够来到课堂上，那要判断他们的发言对提升其个人影响力有什么样的帮助。具体来看，有以下几点内容。

首先，关注高管包括三方面：公司战略重点、兴趣点和关注点，重点关注高管的讲话，及时在培训工作中体现高管的战略思想。培训管理者要锻炼自己的思维高度，从公司全局出发去设计和运营培训工作。

其次，要借助一切机会争取与高管沟通的机会，包括旁听或列席会议，借高管出席培训的时机和高管简单沟通。借助第三方也是一种有效的方式，包括邀请某些领域的专家与领导沟通；邀请标杆公司的负责人前来交流等方式，也可以请 VP(副总裁、副总监等职位）或 HRD(人力资源总监）与高管一起进行访谈。需要提醒的是，和高管的访谈要展示我们的专业水平，不是开始就问培训需求，而是要基于公司战略让领导谈对于未来业务发展的要求，以及对于各层次员工的培养要求，让领导指出方向。比如，邀请领导谈自己对其直线下属能力发展的期望。我有个朋友在一家知名的互联网公司做培训总监，他和高管沟通时，会问很多与业务相关的问题，比如：

- 公司业务发展的核心驱动力是什么？
- 如何在竞争中体现咱们的差异化优势？
- 如何塑造产品在客户心目中的独特价值？

这些问题不仅是高管关注的，而且能展现培训不同的定位，启发高管新的思维空间。具体的一些访谈话术我们在前文提到过，在此不再赘述，只是提醒大家，与高管沟通要有战略高度，从他们的关注点入手进行沟通。

同时，阶段性地向高管汇报培训成果也是有必要的。未必是正式的面对面汇报，比如，可以将成果打印出来给其秘书也是不错的方式。在成果展示中，培训人不是展示满意度、学习成绩这些感知层面和收获层面的成果，而是要展示培训如何与领导的战略重点进行链接，如何支撑公司战略和业务的发展，学员在这个过程中发生了什么改变，实现了哪些成果。

学员上级是培训落地的关键

在任何一个学习项目中，最为关键的是学员的上级，毕竟我们是为他们培养人才，帮助其部门提升绩效。我们需要他们在培训前、培训中、培训后三个环节提供相应支持。

培训前环节：要与学员上级明确需求。切记不是直接去问上级认为的下属培训需求，而是围绕着部门的业务重点层层分解到需求，评估公司战略和业务发展对员工知识和技能的要求与员工能力现状之间的差距。在此过程中，我们要和学员上级在培训期望和目标方面达成共识，也就是他们如何评价项目是否成功。另外，任何一个项目都是由合适的人员执行才会发挥最大效用，所以要和学员上级确定哪些人最为合适，以便做出合理安排，并就希望学员在参加培训后能达到的要求提前约定。我在国药大学培训的所有精品项目，学员来报道时必须带着一份他们领导的承诺书。

管理者承诺

作为学员的上司，在整个的培训项目过程中，我将给予最大的支持，并承诺以下几点。

（1）我愿意参加学习项目中与我相关的培训前任务。

（2）我将会在培训前与我的下属面谈，探讨培训中能够给予他的最重要的发展机会。

（3）我愿意把下属从满负荷工作中解放出来，给他充足的时间完成培训，并尽我所能减少在培训期间对他的干扰。

（4）我将会在培训之后再次与他面谈并给予支持与辅导，一起讨论如何将所学应用于工作。

（5）我将会给予鼓励和支持，强化他们的培训后应用，并提供持续改进与发展的建议。

（6）我愿意提供下属在岗位中必要的资源支持，提供实践新技能、新行为的特定机会。

签名：__________

日期：__________

（以上内容来自于《培训进化论》一书）

培训中环节：这个阶段最需要学员上级做到 “不打扰”，即不让学员带着手头的工作来，能够让其安心学习。如果他们可以参与部分环节，如参与授课、参与讨论、做评委和点评嘉宾、参与结业典礼，那将会极大地提升效果。记得在国药大学时，我们有一个经典项目——财务经理训练营，这个项目获得各种业内奖项。在这个项目中，授课老师大部分是公司现职的财务总监，他们本身就是学员的上级，不仅擅长业务同时熟悉学员的痛点问题；在行动学习研讨和小组展示对抗环节中，我们邀请财务总监、总部财务部部长等来做评委，参与点评，不仅提升了培训的实战性和落地性，而且激发了学员的参与积极性。

培训后环节：学习的实践是在培训后，而在落地过程中，学员上级至关重要。我们需要学员上级与学员沟通确定培训后落地的目标，同时要持续跟踪学员落地的进度并及时予以反馈。我们还希望他们可以对项目进行评估，为我们提出完善建议。

如何才能赢得学员上级的支持呢？在调研阶段，与他们进行面对面沟通是非常必要的。在沟通过程中，培训人员可以把握他们的痛点问题，挖掘真实的需求，展现我们的专业，让他们认识到培训是支撑业务发展的而不仅仅是学员的福利，也可以通过以往的项目案例来论证我们项目的效果；要树立标杆，找到我们可以真正发力而且他们有意愿改变的业务部门，帮助他们进步，打造在企业内部的影响力。在这个过程中，本着“面子给你、里子给我”的原则，肯定他们在项目中的表现，展现在项目中的影响力。比如，前面提到的财务经理训练营项目，有一次获得了外部机构评选的“最佳学习项目奖”，我们邀请财务部的同事去领奖。需要知道，我们的成功是建立在业务部门成功基础之上的，同时要注重日常“情感账户”的积累，与他们建立更多的链接，这也是双方合作的基础。

找到“粉丝”学员对运营很关键

为什么要找到“粉丝”学员呢？一个班级的运营不仅仅是一个班主任就能带动起来的，需要在学员中发展一批“粉丝”。他们是真实需求的确认者，是方案设计的参与者，是班级氛围的营造者，是项目宣传的代言人，是培训后落地的先行者。

作为培训负责人在组织学习生态的构建过程中，一个重要的责任就是扩大朋友圈，发展学习代言人。我们要在需求调研阶段就去找到这些人，包括与他们及其上级在访谈过程中去发展，在提前建群后挖掘其中的积极者，在培训前作业中发现那些有想法愿意学习的人，要保持与他们的正式和非正式沟通，建立私人关系；也要让他们享受到收益，包括可以优先成为内训师、给予荣誉称号、向他们的上级反馈等。

试想，如果企业高管、学员上级和学员层面能给我们这些支持，如果我们在整个过程中不断扩大朋友圈，那将非常有利于培训工作的开展。比如，一家公司在销售人员训练营中，在项目前期就赢得了利益相关者的支持：（1）从公司战略落地的角度，获得总经理支持；（2）从销售能力提升和团队素养提升的角度，获得业务部门支持；（3）从业绩增长及个人成长的角度，获得学员支持。

进一步看，组织发展、人才培养这些工作本应是企业各部门共同的工作，而不仅仅是培训部门的工作。也许很多培训管理者缺乏对培训工作的投入，将自己陷入“孤岛”境地，但更多时候并不是各部门不支持培训工作，很可能是我们并没有努力去赢得它们的支持。它们并不是不想参加培训，而是培训并没有给它们带来太大的价值；不是它们不想和我们沟通需求，可能是培训人还需要持续提升自己的专业能力。

现在给你一张关于分析利益相关者清单，你需要每次在培训之前分析一下，如表 4 所示。

表 4　学习项目的利益相关者分析

利益相关者	组织诉求	个人诉求	希望其在项目前、中、后给予什么支持	如何赢得其支持

表 5　基于业务痛点的培训目标设定——让人才培养项目有的放矢

开展一项工作需要“以终为始”，培训也要在开展之前设定清晰的目标。1962 年，著名的马杰（Mager）行为目标理论提出，一个教学目标应包括行为、条件、标准三个基本要素。在教学设计的实践中，人们认为有必要在三要素的基础上，加上教学对象的描述，于是形成 ABCD 教学目标编写模式。

A——对象（Audience）：教学对象

教学对象是教学目标的构成要素之一。教学目标分析与设计的工作由教师来做，但阐述的是学习者学习之后的结果，是学生在教师与同伴的帮助下，利用资源和工具学会了什么，默认行为主语是“学生”。如小学三年级上学期的学生、参加在职培训的人员等。

B——行为（Behavior）：通过学习后能做什么

行为是教学目标中最为重要的部分。明确、具体的目标有助于教师和学生在教学 / 学习过程中及时了解是否达成目标，以便及时调整策略。常用的方式是用行为动词和动宾结构短语表述学习的结果。最好不用“了解”“学习”“理解”“培养”等抽象含糊的动词，而使用“解释”“说出”“给……下定义”“分析”等具体的行为动词。例如，“理解课文如何围绕中心思想取材”这一目标表述比较含糊不好判断，可以改为“学生能依据课文的自然顺序列出文中记叙的主要事件，并说明它们是怎样表达中心思想的。”

C——条件（Condition）：上述行为发生的条件

条件指行为产生时所需的因素，包括环境因素、人的因素、设备因素、信息因素、时间因素、问题明确性因素等。

D——标准（Degree）：合格行为的最低标准

标准是行为完成质量可接受的最低衡量依据。它们是行为目标中的可选部分，为后续判断是否达到目标提供判断依据。但是有时条件和标准很难区分，例如“3 分钟之内”既可以认为是条件的描述，也可以认为是标准的描述。一般情况下，教师不需要刻意区分二者。

ABCD 法堪称经典的教学目标设定方法。除此之外，布鲁姆教学目标分类对于我们设定基于知识分类的教学目标也非常有帮助（下文会有专门的描述）。但关于学习项目的目标设定很少有专家研究。

为什么要设定学习项目的目标呢？一是要做到“以终为始”，就是在学习方案设计过程中和学员学习过程中可以以目标为出发点，设定相应的学习内容和学习活动，并不断追求目标的实现；二是作为后期衡量和评估的标准，进而对学习设计做出优化。所以，精确的描述且可以评估的学习目标成为学习设计的一大挑战。

在绩效管理领域比较热的一种方法和理论——OKR（Objectives and Key

Results，目标与关键成果法），是一套明确跟踪目标及其完成情况的管理工具和方法，由英特尔公司发明。OKR 主要是明确公司和团队的目标以及每个目标达成的可衡量的关键结果。所以，我们在学习项目目标设定中也可借鉴这个理论。

我们建议，学习目标的设定可以从知识目标、成果目标和业务收益三个维度进行描述。

知识目标：基于布鲁姆教学目标分类

首先，我们要考虑在学习过程中学习的知识点要实现什么目标？知识目标。在此领域，布鲁姆教学目标分类给了我们一个非常好的参考方法，如图 3 所示。不同的知识点需要达到什么样的层级，需要结合学员面临的实际业务问题来确定。如我们要学习拜访客户的技巧，需达到什么样的级别才能够解决拜访客户方面的问题？可能至少需要达到应用的级别。

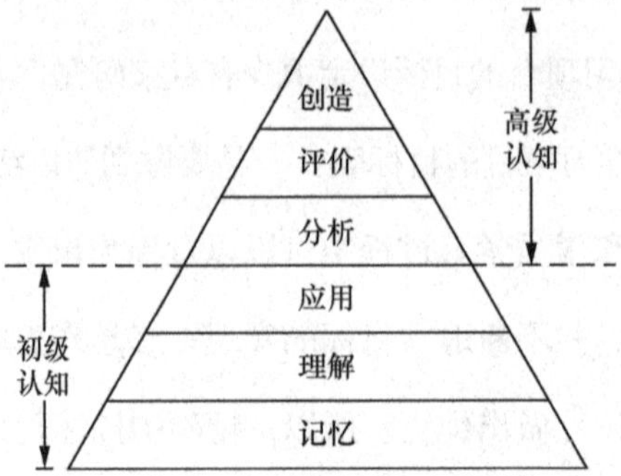

图 3　布鲁姆教学目标分类

布鲁姆教学目标分类具体内容如图 4 所示。

思维	关键词	定义	解释
记忆	事实	回忆事实和基本概念	记忆是利用记忆力得到定义、事实和列表，也可以是逐一叙述或提取材料
理解	解释	解释想法或概念	理解是从不同类型的书面语或图形功能构建意义
应用	使用学会的材料	在新情景中使用信息	应用是通过形成模型、图表、展示、访谈和模拟等方式使用学会的材料
分析	将学会的材料或概念分成各部分	在各种想法中建立联系	分析是将学会的材料或概念分成各个部分，确定各部分如何相互关联以及各部分与整体结构或目标之间的关系
评价	评判	证明观点或决策正确	评价是通过检查和审辩并基于准则和标准形成评判
创造	综合各种元素	产生崭新或原创工作	创造是把各种元素综合在一起形成有用整体，并将各种元素重新组织后设计和产生新的模式或结构

图 4　布鲁姆教学目标分类具体内容

所以，在学习设计过程中，设定学习目标的前提是深挖业务问题，基于业务问题判断学员需要实现教学目标的层次和级别，然后在表现性目标词汇中寻找合适的词汇设计表现性目标。

表现性目标是在教学过程中我们能够通过一定的手段判断学员是否实现这一教学目标。如上面提到的拜访客户的技巧，我们就可以选择“演示”

这个词汇。设定的知识目标是“演示拜访客户的技巧”，显然这一知识目标是否实现的判断方法是在教学过程中通过情景模拟、通关等。因此，情景模拟既是一种教学方式，又是一种衡量教学目标是否实现的方式。

再举一个例子，比如，我们经常需要业务人员学习产品知识，对于产品知识我们需要学员实现什么样的目标呢？还是要看业务问题是什么，如果业务问题就是学员记不清楚产品的具体特征卖点等，那这里仅仅需要达到记忆或者理解的层次就可以了。如果业务问题并不仅仅是学员记不清楚的问题，而是无法针对客户需求介绍产品的问题，那这里要学习的知识点就不只是产品知识了，还需要学习产品推介或者产品介绍话术，那知识目标的设定级别就需要达到应用层级了。

比如，有一家企业的营销人员需要去社区开展营销工作，面临的一个问题是“保安拦截”，那赢得保安信任和支持就成为一个重要的技能点。而企业对于这个技能点并没有相应的方法论，这就需要我们在培训过程中通过经验分享、知识萃取和共创等方式创造相应的方法论。

综上，一个学习项目可能包含多个知识点，不同知识点的教学目标又不尽相同。比如：

- 陈述服务营销的概念；
- 区分有形服务和无形服务的差异点；
- 在老师给予的情境下，演练挖掘客户需求的技巧；
- 在老师提供案例的情况下，分析客户的隐性需求；
- 在老师提供案例的条件下，学员计算产品毛利率。

……

成果目标：基于柯氏四级评估的思考

在 OKR 考核方式中，成果是非常重要的考核维度，而我们认为在学习过程中产生有形成果也是衡量培训有效性的重要指标。这里我们需要引入全新的柯氏四级评估模型，该模型不仅是评估模型，更是项目设计的参照模型，因为评估的前提是设计清晰的评估目标，如图 5 所示。所以在学习项目设计时，我们应该结合柯氏四级评估模型来设定可衡量的成果目标。

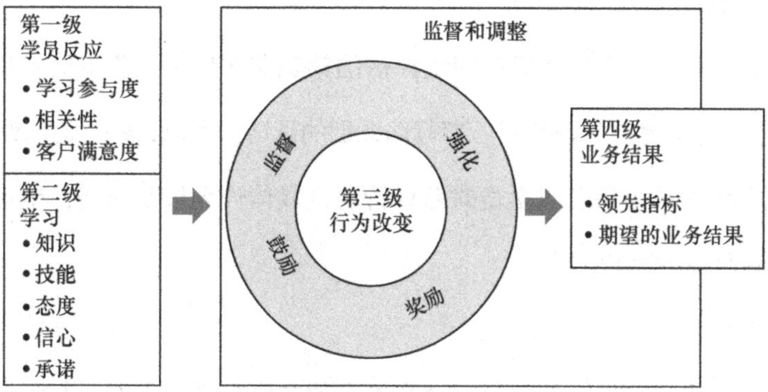

图 5　全新的柯氏四级评估模型

结合柯氏四级评估模型，我们对培训的成果进行了如下归类。

反应和学习层	满意度、考试、行动计划、承诺等
行为层	测评、上级评价、方法论、案例、手册、流程、微课等
结果层	问题解决的程度、改进目标（项目前先确定目标）

在项目目标设计时，基于不同的项目特点，我们不仅要设定需要实现的成果，而且要设定具体的成果内容、衡量的标准和时间等。在前文提到，这

要与利益相关者约定他们期待的衡量标准，其中一项重要标准就是有形成果。

（1）反应和学习层

满意度调研：这个层次的评估是日常培训中最常见的，每次培训结束后发放满意度调研表，包括对老师、课程和培训组织的评估。如果我们在学习项目设计之初设定的目标就是满意度，则这种评估方式也无可厚非，但与学习转化和所说的落地还有点距离。

考试：考试也是培训中常用的一种评估方式，对学员的学习效果进行评估，然而这个评估还仅仅在知识的理解和记忆层面，与应用和整合层面还相距甚远。

行动计划和承诺：在柯氏四级评估的第二层评估中，关于信心和承诺非常关键，这里尤其体现为对后期行动计划的承诺。所以，从这个维度来看，如果能在培训结束后形成学员对后期行动的具体计划以及承诺，也可以看成是一种具体的落地举措。

（2）行为层

ABCD法和布鲁姆教学目标分类界定的主要是学生上课时行为练习的目标。而对于学习项目来说，我们期待的不仅仅是学员上课的行为练习，更多的是他们在工作中的行为改变。在柯氏四级评估模型第三级和第四级的上方有“监督和调整”五个字，我们可看出该模型主张学员的行为改变和商业成果的获得是通过监督、跟踪和反馈得来的。如何评估行为的改变？关于行为改变有哪些成果？其实，关于行为改变的评估需要大量的观察和调研。在成果导向理念引领下，我们又如何设定SMART的目标？这里强调的方法是无形价值有形化。

测评：在培训前后进行测评，有的测评是基于能力维度，有的是基于行为维度，用前后对比来评估学员能力或行为的变化。我们也可以采取 360°评估的方式，由周围人对学员进行行为评估，部分公司采用直接由上级评估的方式也是一种有效的途径。因为这可以让学员上级承担起监督下属改变的职责，参与到学习项目中。

学员上级评价是一种有效的方式，而如何将评价展现为有形成果，这就需要表单。表单中的评估项应该是学员在上课时学习到的具体的技能点，要具体到学员的行为，而非模糊的知识点。这样做的好处有三个，第一有利于学员上级了解下属在培训中学习到的知识，而目前大部分培训做不到；第二有利于学员上级进行后期跟踪；第三有利于学员“以终为始”地进行后期的刻意练习。

以“支撑战略和业务的学习项目设计”课程为例，该课程是针对培训经理的训练，涉及访谈需求、设定目标、培训营销等知识点，基于这些知识点对学员日常工作中行为的具体表现要求设定评估维度。需要提醒的是，学习项目的每阶段都应设计，评估周期建议学员上级每周评估一次，如图 6 所示。

序号	评估维度	下属改变幅度			
		明显改变	小幅改变	没有改变	反向退化
1	在需求调研中是否加大对学员上级的访谈				
2	在需求分析时考虑战略发展对于学员的能力要求				
3	在需求分析时是否更多基于学员的业务问题				
4	在学习目标设定时设定清晰可衡量的目标				
5	在培训前中后加强培训营销				
6	……				

图 6 “学习项目设计”课程培训后上级评价

有形成果还包括方法论、案例、微课、手册和流程等。其中，案例部分主要是学员后期行动后形成的成功案例。微课是学员针对工作中的难点问题，基于大家的经验和深度碰撞后萃取而来。手册和流程是在微课的基础上，对业务痛点解决方案的梳理，如有些公司会梳理业务流程，有些公司会梳理产品手册等。比如，唐山三友的“四力工程”班组长训练营在培训过程中形成了一套可复制的班组长培养方案，内化成一套可推广的方法工具，沉淀了53个可借鉴的实践案例，充实了公司知识库。

（3）结果层

这里所说的结果层指真正与业务结果挂钩，而这个业务结果是在需求挖掘时界定的，其实可衡量的业务收益目标很难界定，因为业务收益的改变很难仅仅靠培训来实现。如果要界定的话，有两种方式：一是和具体个体的业务问题结合；二是和最终的业绩指标结合。而我们在这个过程中采取的较多的学习方式是行动学习或者绩效改进。

问题解决：我们在有些项目中可以将非常具体的业务问题界定为需求，比如，新产品推广、客户服务提升等。我们在项目之初要确定清晰的目标，比如，新产品推广量、市场覆盖率、客户服务提升手段等，然后，需要深入挖掘造成这些问题的原因，比如，资源投入、内部流程等方面，清晰界定需要参与的支持者及其参与的环节，只有这样，才能保证后期的成果。

业绩目标：业绩目标和问题解决类似，只是业绩目标更多指收入和成本等。这样的项目不是单纯靠一两场培训就能得到成果的，需要在业务举措、资源投入、制度保障等方面紧密配合。而学习手段除了解决能力问题外，还可以通过项目运营手段带动集体智慧的碰撞，引导学员分享优秀经验，共创行动方案；然后通过支持者在过程中的参与，保证项目运营的成果。

成果目标的设定，可以描述为：

"在培训课程结束时，每位学员可以制订本部门一季度的绩效考核表（初稿）。"

"在培训课程结束时，每位学员可以设定后期行动计划表。"

"在培训后，每周每位学员需要与上级进行沟通，由上级对其表现进行评估。"

"在培训后，每周每位学员上级提交一份与下属进行绩效沟通、绩效辅导或反馈的案例。"

"在培训后，每组学员能够开发出一门解决业务问题的微课。"

……

业务收益：基于平衡计分卡的设计

业务收益绝对不能简单理解为销售收入和利润。从平衡计分卡来看，财务、客户、运营、学习和成长四个维度，除学习和成长外，其他都可以算作业务收益，这用逻辑链可以解释。在平衡计分卡中，我们不能孤立地看学习和成长，财务目标分解至客户目标、客户目标分解至运营目标、运营目标再分解至学习和成长，这是我们组织学习项目的逻辑。

所以，学习项目关联业务收益不是为了关联而管理，而是学习需求的来源本身就是业务目标。不同种类的培训需要强关联到平衡计分卡的哪个层次，我们需要区别对待。

（1）销售的培训应该关联到财务和客户层面。界定业务收益的方式，是看培训到底解决业务收入、利润、份额、满意度、占有率等哪方面的问题，根据相应的问题来界定业务收益。比如，帮助提升 ×× 产品的市场份额；提升客户满意度……

（2）研发、生产等中台部门的培训可能需要关联到客户和运营层面，具体哪方面的业务收益也需要根据实际的业务问题，是生产效率问题，还是产品质量问题等。比如，帮助提升 ×× 产品的生产效率；降低废品率……

（3）人力资源、信息等后台部门的培训需要关联到运营层面。比如，提升员工满意度；提升留人率；提升 OA 流程的顺畅度……

需要注意的是，由于学习项目是一个长周期的项目而不仅是单门课程，我们可以将这个阶段的业务指标纳入学习目标，作为“捆绑性目标”。比如，有些银行的客户经理培养项目中，我们会将开户数、存款数等指标的增长量作为学习目标。

最后，我们来梳理一下这三类目标设定的逻辑，知识目标是基于业务问题匹配相应的知识，围绕着每一个需要学习的知识实现的教学目标；成果目标是整个学习过程中我们（以及支持者）希望形成的有形成果，也是论证和评估学习效果的重要参考标准；业务收益指我们在实现教学目标，得到有形成果后，对于业务到底有什么样的帮助，与学员的考核指标有什么样的关联。

需要强调的是，这三个目标都是围绕着业务问题，同时又和支持者达成共识。组织中的学习不是孤立存在、凭空产生的。如果离开了业务问题、离开了支持者的支持，那培训就成了“无本之木，无源之水”。

表 5　基于业务痛点的培训目标设定

知识目标（基于布鲁姆教学目标分类的表现性目标）	成果目标（基于柯氏四级评估的成果性目标）	业务收益（基于平衡计分卡的业务收益）

课程中不断练习并评估需要实现的目标

培训现场可以获得的有形成果，以及培训后在有跟进的情况下的成果，要和利益相关者达成共识

从关联企业业绩效、支持业务发展、满足利益相关者期望来看，培训支持的方向(三条左右即可)

第三章
目标导向，设计人才培养方案

表6　混合式学习项目设计——多元化方式培养人才，满足组织需求

在挖掘需求和设定目标后，需要匹配相应的学习内容和学习方式。混合式学习的概念早就被提出，最近成为流行趋势，从解决问题的角度来看，所有的培训都应该是混合的，单凭培训课堂无法解决落地的问题，所以至少要有课上学和课下练两个环节的混合。

学习项目是有规划的绩效干预性工作，我们有必要梳理混合式学习设计的原则和方法，以便让这种干预更加有效，下面总结了五个原则。

由初级认知向高级认知转化

为什么要做混合？怎么样的混合是最好的？如果不考虑效果，仅从成本、效率和覆盖率来说使用 E-Learning（电脑端的线上学习）或者 M-Learning（移动化学习）方式就够了，为什么还要面授或者使用其他方

式？从布鲁姆的教学目标分类来看，在线学习方式能帮助学员达到记忆和理解的初级认知阶段，如果要达到高级认知阶段，还需要辅以面授、在岗训练、复盘等学习手段。

线上学习是否还有存在的价值？其实，线上学习是面授等线下方式的重要补充，纯知识的学习完全可以前期在线上解决，线下时间更多地用于技能练习和转化；同时线上知识方便后期复习。

由知到行

互联网手段加快的是“知”的效率，也就是说获取知识的方式更加多元化，提升了效率，人们可以用较低成本获取以往稀缺的知识。然而对于知识转化来说，并没有带来太大的帮助，因为这需要实践和练习。

而混合式学习项目设计要解决的是帮助学员跨越从“知”到“行”的鸿沟。技能训练、在岗应用、刻意练习仍然是必不可少的路径。在学习项目设计过程中，融合各种方式的目的都要围绕着帮助学员从“知”到“行”的转化。

问题导向和结果导向

混合式学习是手段而非目的，目的还是要解决实际问题。乔纳森所著的《学会解决问题》一书的封底赫然写着：教育的根本目的是解决问题。所以设计混合式手段的前提是要找准业务问题，然后是匹配相应的学习手段，而不能舍本逐末，仅追求技术和工具上的创新而忘记了开展培训的目的。

在前文讲到，学习项目设计要“以终为始”，既然混合式学习仅仅是手段，那我们要知道想要得到的结果是什么。因为只有清晰界定我们想要的结果，才能匹配相应的学习手段。当然不同的业务问题要求我们要有相应的结果，结果要求越高，混合式学习的复杂度和精准度越高。比如，如果需要萃取业务操作手册，那就需要采取经验分享、知识萃取、行动学习、复盘等多元化的方式。如果希望员工能够基于实际业务问题形成操作方案，那就不能简单地面授，需要采取工作坊的方式。

沉淀三类资源

成果导向中说到的很重要的一类成果就是学习资源。在互联网时代，获取知识的成本几乎为零，然而有一类知识是弥足珍贵的，就是隐藏在组织中的优秀实践资源。现在流行的案例大赛、微课大赛、内训师大赛，就是希望将组织中的学习资源挖掘出来。在我看来，这些资源完全可以在一个学习项目中沉淀出来。

比如，在中国银行四川分行策划的客户经理训练营中，我们专门设计了“知识萃取和课程开发”环节，帮助他们将优秀的业务经验萃取出来并开发成课程。其实，这个过程本身就是一次学员的分享活动，是有效的学习方式。同时，开发出的课程可以作为下一期培训班的学习资源。这些内部知识经过打磨形成学习产品并放到内部学习平台上就会成为弥足珍贵的稀缺资源。而这也恰恰是培训人的重要使命，沉淀、迭代、传播实效的且能够帮助解决问题的知识。

提供“一站式”解决方案

学习项目已经告别了曾经的“课程拼盘”时代，业务部门不仅需要“解渴”的课程，更希望能够实现改变，期待着业务问题得以解决。这就需要培训顾问可以系统分析、统筹设计，提供解决方案。

结合以上四个原则，该解决方案需面向业务问题，能带来实际结果，帮助学员从初级认知提升到高级认知。这个方案不仅是学习手段，还是激发学员学习动力的手段，包括推动学员转化的方式、后期评估和优化的举措。

如何设计混合式学习方案呢？对于不同类型的知识点，如何匹配合适的学习方式？我们为大家介绍一下学习方式匹配模型（如图 1 所示），该模型首次出现在《培训进化论》一书中。下面结合我的近期经验对该模型进行优化。

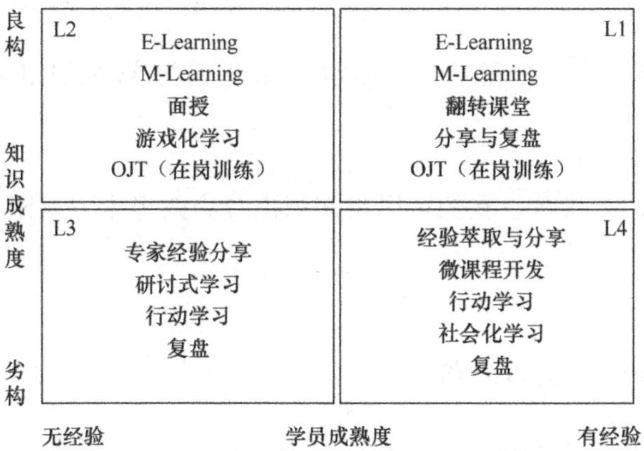

图 1　学习方式匹配模型[1]

该模型从两个维度将学员要学习的知识划分为四种类型。从知识的成熟度划分，将知识整体分为良构知识和劣构知识。良构知识指在该组织中有标准化的解决方法和方案，一般指常识问题、技术标准以及组织中已经形成的标准流程和工作方法。当然，如果在外部能找到可以在组织中直接推广的方法也可以称为良构知识。劣构知识指无标准化的解决方法和方案，一般是战略发展中或新的环境下出现的业务问题和难题，尚未有公认的或者得到单位认可的方法论。举例，财务知识、医药知识这样的纯知识属于良构知识；有些企业拜访客户、谈判技巧等形成了有效的解决方案，也属于良构知识。而部分新兴行业或企业，如何更有效地销售产品、如何利用互联网渠道开展营销等这样的命题由于尚未形成标准化解决方案，属于劣构知识；同样，传统企业在互联网转型过程中面临的大量问题，也属于劣构知识。

按学员的成熟度划分，我们又可以将学员按照在相应知识点上是否有工作经验，分为无经验和有经验两种状态。需要说明的是，新员工可能在每个知识点上都属于无经验状态，但是老员工未必在所有知识点上都属于有经验状态，他们在面临新任务、新模式或新举措时也是无经验状态。举例，一个销售冠军在如何使用新的互联网渠道做好销售这件事上也可能是无经验状态。

通过这两个维度，我们可以将知识点分为四个学习象限（Learning Quadrant）。

L1（有经验——良构知识）

L1 指有经验的学员学习良构知识，可以称为“提升象限”。为什么学员有经验了还要学习良构知识？有经验并不代表高绩效，这里需要解决的问题是，如何将员工的低绩效行为改善至高绩效行为，将学员不标准化的做事方法牵引至标准化方法，解决工作中的实际问题。

建议该象限知识点匹配的学习方式是：在线学习（移动学习）、翻转课堂、分享与复盘、在岗训练。

针对有经验的学员，面授的内容完全可以简化，我们主要将标准化的工作方法和流程形成标准化课件，再通过线上学习、翻转课堂、线下在岗训练的方式，最大限度地提升培训效率和效果。

第一步　线上学习：线上学习指 E-Learning 与 M-Learning，比如，处在 L1 象限的老员工在学习销售技巧时，因为自身已有一定的经验，我们可以首先在线上发起自学销售技巧的活动，让员工首先对知识点有大致的了解。我曾在一次培训课的面授前，尝试用微信群分享的方式对部分知识点进行详细的解读和阐述，希望通过这种方式让学员提前理解关键知识点。

第二步　翻转课堂：线上学习无法保障所有学员都参与，也无法通过这种方式解决学员的低绩效问题，所以线上学习后需要紧跟现场互动式教学。由于学员都是老员工，采取传统的面授方式很难引发学习兴趣。因此，我们采取翻转课堂的方式，让学员提出自己在工作中遇到的挑战性问题，然后采取学员之间分享以及老师引导讨论的方式来解决问题。建议老师是公司在该岗位上的绩优员工或者学员的上级。举例，常规的拜访技巧课程对于有经验的学员来说可能有些“小儿科”，但是采取翻转课堂的方式让学员提出在拜访客户中碰到的问题和挑战，并在销售总监带领下大家一起研讨，相信效果会很好。

第三步 分享和复盘：分享和复盘指学员在翻转课堂过程中，针对所提出的挑战性问题，分享成功或失败的案例，对照老师给出的标准解决方案进行复盘，寻找可以固化的经验和需要改进的举措，形成下一步的工作技巧。

第四步 在岗训练：学员需要结合课堂上所学知识点进行更大强度的在岗训练。如有条件，培训经理需要为学员配备导师予以辅导。

L2（*无经验——良构知识*）

L2 指无经验学员需要掌握标准化解决方法，也可称为“初学象限”，是四个象限中最为容易解决的一类问题。比如，新员工学习标准的岗位技能，老员工学习一项新的标准化技能用于解决工作上的新问题。这里所采取的学习方式均为混合式，通过固化学员所学，实现从知识到技能的转化。

建议该象限知识点匹配的学习方式：线上学习、面授学习、游戏化学习、在岗训练。

第一步 线上学习：让学员通过线上学习方式（E-Learning、M-Learning）学习基础的知识。比如，职场“菜鸟”学习商务礼仪，商务礼仪是一门系统的、具有普遍共识的课程，是典型的“良构知识”，新员工学习这类知识时，首先可以通过线上学习。

第二步 面授：线上学习只能解决纯知识类问题，然而技能的训练还是需要经过面授来实现。学员经过线上学习后再到课堂上通过面授将知识转化为技能，老师给予学员更多的训练时间，并在过程中进行辅导反馈。比如，新员工学习标准化的客户拜访技巧，在线上学习结束后到课堂上训练这些技巧。

第三步 游戏化学习：游戏化学习在寓教于乐的同时可以固化学员所学。游戏化学习的操作方式是根据课程中的知识点，设置关卡，由学员根据所学知识解决关卡中的具体问题，过关则加分，不过关则不加分。线上游戏化学习是非常好的学习方式。如果没有相应条件，我们也可以在一个比较空旷的环境中，设置一些关卡，每个关卡派一个工作人员模拟各种工作情境，由学员来完成挑战。比如，将拜访技巧课程中的 10 个知识点安排给 10 个工作人员分别固定在某个地点挑战，类似于寻宝游戏，到了相应的关卡后，工作人员会扮演不同状态下的客户，学员根据所学的拜访技巧和客户沟通。这样做可以提升员工的参与度和兴趣，同时固化学员所学。

第四步 在岗训练：以上方式也只是解决模拟状态下的训练问题，如果转化为实际的工作行为和绩效，必须配合在岗训练的模式固化所学。如果能配备 OJT 导师制辅导学员的在岗训练，加强对实际应用的考察和反馈，效果会更好。

L3（无经验——劣构知识）

L3 指学员无经验，同时也没有标准化的解决方案，这个象限称为“创新象限”。这里要解决的问题：从无到有，从概念到行动。传统企业如何进入互联网领域，或者如何面对互联网渠道的进攻，这些都属于 L3 象限的学习内容。

建议该象限知识点匹配的学习方式是专家分享、研讨式学习、行动学习、复盘。

第一步 专家分享或者标杆借鉴：请外部有相关经验的专家来分享，或者去相关领域的标杆公司参观交流。比如，近两年，互联网思维的课程非常受欢迎，而讲“互联网思维”课程的老师其实大多是在介绍其他公司的经验，如阿里巴巴、海尔、苏宁云商。这些内容不能称为方法论，只能称为外部的行业经验，在本组织未必能够适用。很多公司到阿里巴巴、腾讯、小米等公司交流，这都属于标杆借鉴的范畴。

第二步 研讨式学习：只是听有经验的人分享或者参观标杆企业就能解决自己企业的问题了吗？那肯定是不够的。这需要围绕本公司的实际情况，通过团队共创的方式来研讨如何在本公司落地外部的经验，如何形成具体可行的举措。需要说明的是，如果外部公司也没有相关领域的经验可供借鉴，那只能通过头脑风暴实现创新（从0到1）。

第三步 行动学习：行动学习最重要的还是在岗实践，如果只是研讨解决方案，而不回到工作岗位上实践这些方法论，问题还是没有解决。学员在实践中论证这些举措的有效性，并落地创新方案。比如，某公司年终会后请外部的专家引导公司高管就如何开展战略转型进行研讨，形成下一年各个部门应该采取的行动举措，然后要求各个部门落地，并将相关要求纳入绩效考核。

第四步 复盘：行动实践过程中必须有复盘的方式配合，让学员能够从经验中学习，并将解决方案不断迭代，不断地实现标准化。比如联想复盘工具的推广，一是可以促进员工从经验中学习；二是将劣构知识不断形成良构解决方案。

L4（有经验——劣构知识）

L4 指有经验的学员学习劣构知识，该象限也可称为“萃取象限”。尽管学员都有工作经验，但是尚未形成统一的标准化解决方案。比如，销售人员如何缩短回款周期，很多学员都曾有成功的经验，但是在整个组织层面没有进行梳理总结。该象限需要解决的问题是：如何通过不断提炼总结，迭代优化，将劣构知识形成良构知识。

建议该象限知识点匹配的学习方式是经验萃取、微课开发、行动学习、社会化学习、复盘。这个过程是标准的课程开发和落地的过程，也是一个完整的行动学习的流程。

第一步　经验萃取：由培训经理或者外部专业老师担任催化师，将前期调研的挑战性工作任务呈现出来，学员在老师引导下分享自己在工作中面临这些挑战时的具体解决方案或成功案例。每个学员在分享自己经验的同时也在吸纳他人的经验，是分享式学习。

第二步　微课开发：在老师引导下，每个小组学员针对一个挑战性工作任务通过经验萃取开发微课，后由培训经理对其进行加工设计，形成标准化的微课件。比如，针对提升回款速度的课题，我们可以将客户情境分成四类：有现金且愿意给的；有现金但不愿意给的；愿意给但没现金的；既没现金也不愿意给的。四个小组各认领一种情境，将经验萃取出来，形成一个微课件。

第三步　行动学习：将形成的微课件在工作岗位上实践。不同学员之间的经验可能无法直接借鉴，从其他学员那里获取的方法到本公司后不一定能够解决问题，需要通过在岗位上实践来论证。在国药大学，精品学习项目一般会分为多个阶段，每个阶段结束后要求学员在工作岗位上实践所学。

第四步 社会化学习：《新社会化学习》一书将邮件、即时通信手段等学习方式统称为“社会化学习”。微信就是一种很好的社会化学习手段，但是很多时候存在开始上课建群，下课后热度就消失的问题。培训经理可以充分利用这个群，让学员将行动学习过程中的问题在群里提出来，其他学员帮助解答。国药大学在新任经理培训班中，鼓励学员将自己在团队管理中存在的问题在群里发布，由其他学员帮助解答，在这个过程中培训经理应做好相应记录，对提出问题和回答问题的学员给予激励。

第五步 复盘：行动学习落地的过程中，我们需要对所采取的举措及时复盘。对于 L4 的情况，通过复盘将前面所制作的微课件迭代优化。

以上通过四个象限详细解释了不同情境下需要匹配的学习方式。需要说明的是，在一个学习项目中，学员群体面临的多个问题可能会分布在不同的学习象限，所以不同的学习内容应采取差异化的解决方案。

举例：某公司汽车销售代表会面临如下问题：

（1）如何提升进店客户转化率；

（2）如何促进老客户转介绍；

（3）如何采取微信营销手段拉动客户进店；

（4）如何促进延保服务的销售；

……

其中，

第一个问题在该公司属于 L1，已经有标准的解决方案；

第二个问题在该公司属于 L4，尚未形成标准的解决方案；

第三个问题在该公司属于 L3，大家都没做过，想尝试；

第四个问题在该公司属于 L4，做过但尚未有标准的解决方案。

在设计各学习点的学习方式时，我们可以参照上文所提到的解决方案。进一步需要说明的是，作为一个学习项目，一定是要围绕一个学员群体的多个痛点来设计方案，需要进行一个长周期、多阶段的设计。如招银大学“领航计划”领导力项目设计中学员对象是行长，尽管是领导力培训，但里面也涉及业务研讨和挑战性工作任务，围绕行长的多个需求设计序列学习活动。

表 6　混合式学习项目设计

序号	学习内容	学习象限	学习形式
1			1　2　3　4　5
2			1　2　3　4　5
3			1　2　3　4　5
4			1　2　3　4　5
5			1　2　3　4　5
……			1　2　3　4　5

表7　完整学习项目流程设计——设计完整学习过程促进业务问题解决

上文提到了混合式学习项目设计的五个原则和四象限模型。由于一个项目会涉及多个学习内容和多个学习方式，建议将学习项目设计成几个阶段，一是可以延长学员学习周期，将培训融入员工的业务流中；二是可以帮助学员学以致用。两个阶段之间的在岗实践时间是更重要的学习阶段，同时学员在实践中的收获也可以作为下阶段学习的复盘内容。

关于设计学习流程的方法，我们提出以下几个假设。

（1）每个阶段的集中学习时间控制在四天以内，两次集中学习间隔一个半月左右。经过调研，如果一次集中学习时间超过四天，很可能会造成"工学矛盾"，而一次学习的内容太多也很难保证在岗应用的效果。两次集中学习的间隔时间不宜过长，否则会造成学员学习激情的下降，从而影响学习效果。

（2）每阶段集中学习结束时应制订在岗实践（刻意练习）的行动计划。"学"是为了"行"，培训的结束是在岗练习的开始，所以在即将结束一个阶段的集中培训时，我们要制订接下来的行动计划。第五章讲到学习项目中的一种成果是“行动计划”，就是在集中学习将要结束时制订的。

（3）第二阶段开始，每次集中学习时第一项要完成的工作是复盘前期在岗实践的成果。众所周知，在岗实践是最好的学习方式之一，但是如何提升在岗实践的学习质量，复盘是非常重要的手段。

阶段划分以实现学习目标为导向

在表 5 的分析中我们建议将学习目标设计为三级，其中知识目标需要在课堂上实现并在课后持续练习，而成果目标基本需要在实践中实现。比如，收集优秀的实践案例，萃取工作中的方法论，完成行动学习的报告等。业务收益目标更需要在工作中实现，以检验培训的内容是否能真正帮助解决业务问题。

所以，我们在对学习内容进行阶段划分时需要判断每阶段的学习目标如何实现。比如，对于行动学习，比较合适的方法是将其设计在第一阶段或第二阶段，因为行动学习难以通过一次集中讨论形成的解决方案解决问题，这些方案需要后期持续推动才能落地，并在每阶段集中学习时进行复盘形成新的举措。同样，如果是 L4 象限的学习内容，需要大量学员间的经验分享和知识萃取，这同样需要安排在较靠前的学习阶段。

我们看到华润、招商银行、中国电信等公司的领导力项目，均会将行动学习贯穿始终，在培训前收集挑战性工作任务，然后分组认领任务，每次集中学习时都会对此进行研讨和复盘。

阶段划分是对学习内容的排列组合

一个学习项目的有效设计，相当于沿着整个项目的演进线路进行设计。以前面某公司汽车销售代表的需求为例，他们需要学习的内容如下。

如何提升进店客户转化率；

如何促进老客户转介绍；

如何采取微信营销手段拉动客户进店；

如何促进延保服务的销售；

如何促进汽车保险产品的销售；

如何维系和老客户的关系；

如何引导客户试驾；

……

如何对以上内容进行阶段划分？具体包括以下三种方式。

第一种方式是模块划分法。这种方法最常见，以上学习内容根据内容相近的特点，可以划分为基础销售、增值业务销售和客户关系维系三个模块。

第二种方式是流程划分法。这种方法也较常见，比如，根据销售流程，划分为售前、售中和售后三个阶段。

第三种方式是象限划分法。根据学习方式匹配模型，将相对学习周期较长和解决难度较大的 L3 象限的内容安排在第一阶段；将需要较长周期进行萃取和迭代的 L4 象限的内容作为第二阶段要学习的内容；而将学习难度相对较小的 L1 象限和 L2 象限的内容作为第三阶段学习的内容。

除此之外，在内容划分时，导师要考虑主要支持者的关注点，将他们关注的内容放在较靠前的模块，在每个模块都让其注意到培训在支持业务的发展。

以学习活动线串起整个学习项目

基于当前流行的学习方式，我们可以梳理出以下几种学习的线路。

1. 行动学习线

行动学习是一种有效的学习方式，20 世纪 60 年代 GE 就在大力推广，主要流程是由导师带领，基于挑战性工作任务，构建课题小组，群策群力解决方案，并推动后期落地。但是相当多的企业在使用中将其等同于简单的“头脑风暴”，有初步方案但缺乏后期的推动落地。我认为行动学习和复盘是孪生姐妹，应该同时设计在学习项目中。

为什么将其作为一条线？就是因为行动学习不是一个阶段的“头脑风暴”，需要贯穿在整个学习项目中。如前文所说，在诸多企业的领导力项目中，行动学习已经成为一种不可或缺的方式，这种方式作为一条主线贯穿始终。比如，华润大学的领导力项目中，行动学习是主要的方式，每个课题组有高管作为导师，在项目结束时，各小组向由高管层组成的评委会汇报研究成果。老板电器的常青藤中层领导力提升项目结合集团发展战略和人才盘点评鉴结果，建立“任务牵引型”行动学习生态圈，学员、学员上级、导师、教练、专家老师互为教练、相互促进。全程以行动学习课题和任务为主线，理论学习和在岗实践活动作为认知的补充和技能支撑。在行动学习的小组立项—选题—在岗实践—成果汇报过程中，培训师邀请公司高管、业务领导、导师等共同参与，积极推动后期实践，最终将在岗实践后所形成的优秀管理案例汇集成册，制作成企业内部微课件，在内部移动学习平台上进行分享，为组织沉淀精华的同时也带动更多学员的成长。

2. 知识萃取线

企业内部问题的解决方法，往往可以在内部找到。那些优秀员工的隐性工作经验缺乏沉淀。如前文所说，员工在学习项目中可以嵌入知识萃取，这本身就是一种有效的学习方式。"教是最好的学"，学员间分享经验，萃取方法论，可以大大提升学习的效果。而知识萃取也不是一蹴而就的，需要"萃取—应用—迭代"，所以这也可以作为一条线贯穿始终。

知识萃取尤其适用于针对老员工的基于业务问题的学习项目。每个小组领取一个业务问题，在培训前就开始收集优秀经验，在第一阶段由导师引导大家分享经验并萃取知识，集中学习结束后，员工要将这些方法论在工作中应用，同时进一步收集优秀案例对方法论进行迭代，也可以定期在微信群里组织分享。第二次集中学习时，先复盘大家应用的成果，再进行迭代优化，本次集中学习结束后，继续在岗应用，在循环往复的过程中，解决业务问题，并在结业典礼上发布各课题组研究出的方法论。

比如，在阳光电源"管理加速度—新任经理训练营"中，导师将基于最佳实践的经验萃取作为一项重要的内容，在最新一期训练营中共产出33

篇管理案例。

3. 导师辅导线

导师制也是一种常用的方式。尤其是针对新员工、新经理这样的学习项目，设置导师这一角色，可以有效指导学员，促进公司优秀经验的传承。导师制的实施需要公司在制度上明确导师的责任和义务，以及相应的收益，中高管要以身作则、率先垂范。

在学习项目设计时，将导师作为重要的利益相关者，赢得他们的支持。在开班前我们就要界定清晰导师与学员双方的权利和义务，规划整个学习项目中的辅导环节，使双方能够高效地互动。在开班仪式上，我们可以将拜师作为重要的环节，在每个阶段，导师要对其辅导的学员进行评价，必要时邀请导师讲课，分享自己的经验。要定期召开三方会议，评估每个阶段学习目标的实现程度，以制定新的举措。需要提醒的是，如何激发导师的积极性，规定其具体的指导任务，是培训组织者要解决的重要问题。

4. 阶段测评线

测评逐步成为学习项目中常用的一种方式，我们在第五章介绍了一种学习成果，由学员上级对学员进行评价。这种评价不仅用于整个项目的培训后落地环节，在每阶段集中学习结束时都可以安排学员上级对下属进行阶段性评估。

阶段评测线的设计方法是指在培训前安排学员测评，并基于此设计针对性的学习内容和学习方式，学员本人也可以设计自我成长的个人发展计划（IDP，Individual Development Plan），然后在项目的各个阶段进行测评，以评估自我成长的速度。

基于以上分析，我们建议在学习项目设计时，结合要解决的实际问题，综合运用学习方式来帮助学员实现学以致用，促进学习目标的达成。表 7 为一张学习项目阶段性设计的表单，供参考。

表 7　完整学习项目流程设计

	阶段一：		阶段二：		阶段三：		阶段四：	
	学习内容	学习形式	学习内容	学习形式	学习内容	学习形式	学习内容	学习形式
分阶段方法：								
按象限分 □								
按模块分 □								
按流程分 □	行动计划		复盘	行动计划	复盘	行动计划	复盘	行动计划

行动学习线 □　知识萃取线 □　导师辅导线 □　阶段测评线 □　其他：　□

第四章

萃取经验，开发精品课程

表 8　培训课程内容模块化设计——用模块化的知识结构展示课程

《聪明教学 7 原理》一书提到，专家和新手在知识的组织方式上存在着显著差异。和学生相比，老师相当于专家，老师经常会在脑海中无意识地创造并储存一个复杂的知识网络，这个网络把重要的事实、概念、程序与本领域中的其他要素联系起来，而学生没有这样的知识体系。

比如，记忆一组信息，学生经常会强行记忆一个个信息，在短时间里或许可能记得住，但时间一长就又忘记了。老师则不同，老师具有信息组块的策略，会将需要记忆的一组信息转化为一个自己熟悉的知识组块。如果信息量比较大，就分成若干个知识组块，然后把 3 ~ 4 个知识组块组合成更大规模的组块，并按照层级结构把大规模组块整合到更高水平的群组中。

知识的组织形成于生活情境，与我们的生活和学习经历有着密切关系，我们往往需要根据不同的实际用途将知识进行分组和归类。学生和专家相比，他们所掌握的概念、事实和技能之间的联系密度或数量都远小于专家，因此知识组织的方式通常也比较简单，知识之间缺乏内在的联系。这种相对缺乏联系的知识组织，会阻碍学生的学习。比如，如果学生缺乏一个联系紧密的知识网络，则他们提取知识时的速度更慢、难度更大。

作为老师，在教学中要有意识地为学生提供组织新知识的结构，帮助学生构建知识之间有意义的关联，以此来促进学生的学习。因此，模块化是学习项目设计和课程开发中非常重要的一项任务，建议先对要培训的内容进行模块化，然后通过结构图的方式展示知识点之间的逻辑。

第一步　梳理知识点之间的关系

知识点之间存在相对复杂的关系，老师需要对这些知识点间的关系进行梳理。经过总结，我们发现知识点之间的关系主要是串联、并联、递进等。

串联指知识点之间有先后顺序，在工作中需要逐步完成，包括日常工作的完整过程。比如，销售类的主题，销售的主体流程是寻找目标客户、挖掘客户信息、拜访客户、探询需求、匹配方案、推动成交等，这是一个相对通用的流程，也可以称为串联关系。进一步来看，串联关系的知识点，上一步的输出是下一步的输入，比如，探询需求这一步输出的是客户的需求，则匹配方案的输入就是客户的需求，只有准确挖掘客户的需求才能制定与之匹配的产品或服务方案。串联关系是课程模块化梳理时常见的一种逻辑关系，这是因为培训课程大都是解决学员日常工作的实际问题，而工作一般是流程化的。我们在总结这些知识点时，常用的表达方式是：×× 的几个步骤、×× 的几个环节等。比如，拜访准备的三个步骤，绩效管理的四个环节。

并联指知识点之间是并行关系，可以同时处理，在日常工作中很难分清先后顺序，它们是完成一项工作的必备或者是关键的几个要素。比如，日本战略研究的领军人物大前研一（Kenichi Ohmae）提出成功战略有三个关键因素，我们在制定任何经营战略时，都必须考虑这三个因素，分别是公司（Company）、顾客（Customer）、竞争对手（Competitor），也称为"3C"战略三角模型（3C' s Strategic Triangle Model），如图1所示。

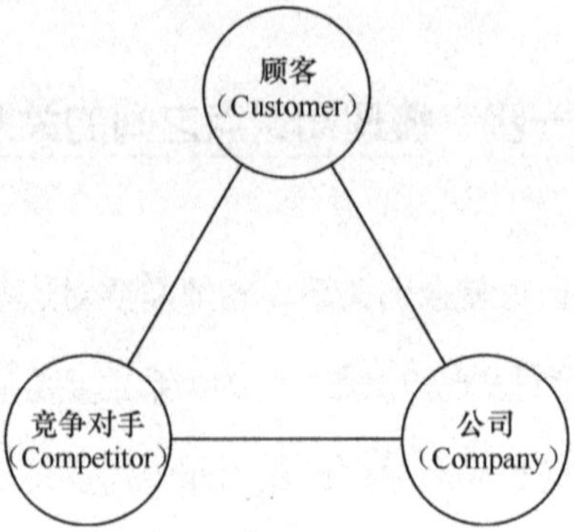

图1 "3C"战略三角模型

在总结并联关系知识点时，常用的语言是：××的几个维度、要素、方式、渠道、特点等，也就是将复杂的内容提炼出几个关键要点，比如，调研客户的三个维度、有效沟通的五个原则、调研客户需求的四种渠道等。

递进指知识点之间存在层次感和进阶感，它们不是简单的步骤性先后关系，也不能被平行归纳为并联关系。比如，高效能人士的七个习惯，七个习惯间既不能简单概括为串联，也不是简单的并联，从作者的研究思维来看，是先独立再互赖再不断更新的过程。再比如，马斯诺需求理论认为这五个需求是有高低之分的，是有层次性的进阶关系，如图2所示。

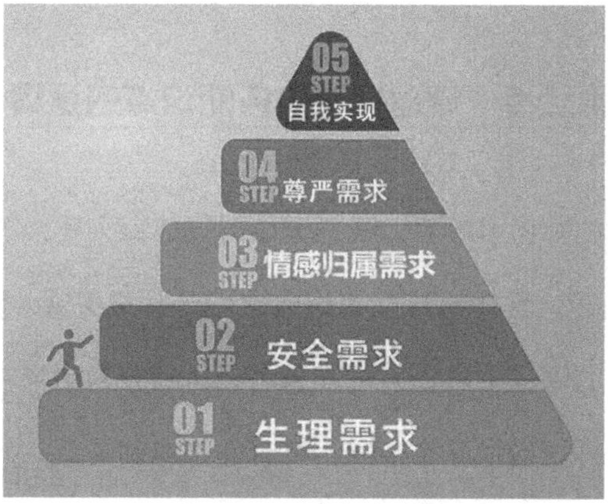

图 2　马斯诺需求理论

但是一门课程里有很多知识点，它们之间应该是上述三种关系的其中一种。所以，我们要从整体上先梳理知识点之间的关系，先利用以上三种逻辑关系整体将知识点构建成几个大的模块，将大的模块之间的关系清晰化为以上三种逻辑中的一种。比如，拜访客户的课程整体可以划分为拜访前的充分准备、拜访中的推进成交和拜访后的关系维系三个模块，它们之间的逻辑就是串联关系；再比如，有效沟通的课程分为向上沟通、横向沟通、向下沟通，它们之间的逻辑是并联关系，如图 3 所示。我们可以用横向、纵向结构来表示其关系。

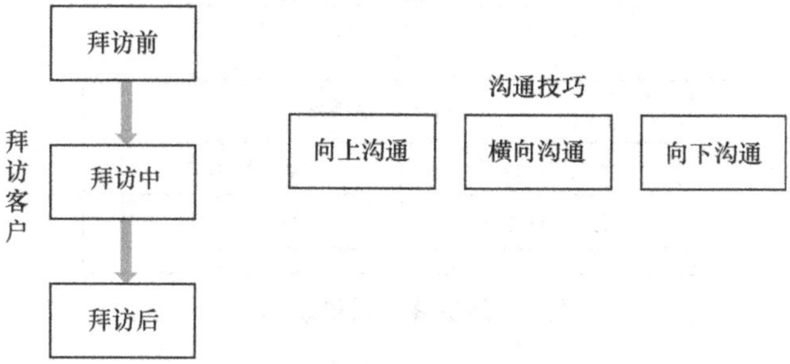

图 3　串并联逻辑关系示意图

第二步　梳理模块内各知识点的逻辑

梳理了整体的知识模块后，我们开始对具体每个模块内的知识点再进行细分和逻辑构建，具体看这些知识点之间是什么关系，然后进行勾画。如“拜访客户”的课程中拜访前的准备可以再细分为研究客户资料、设计拜访策略、准备拜访话术三个步骤，三者间是串联关系；而拜访中的推动成交又可以细分为拉近客户关系、挖掘客户需求、实施有效推介、处理客户异议和推动达成交易五个环节，同样是串联关系；拜访后的关系维系可以分为个人情感维系、个人工作维系、组织情感维系和组织工作维系四个方面，属于并联关系，如图 4 所示。

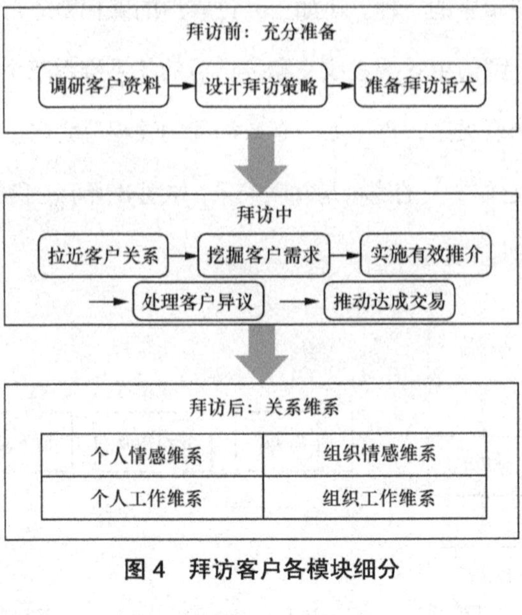

图 4　拜访客户各模块细分

所以，内容模块化的逻辑是将内容间的串联、并联和递进关系梳理清楚，将同类型的内容规整在一起，并用箭头等符号来标记其关系。

图 5 为一门版权课程“BETTER——支撑战略和业务的学习项目设计”的课程模块化示意图。

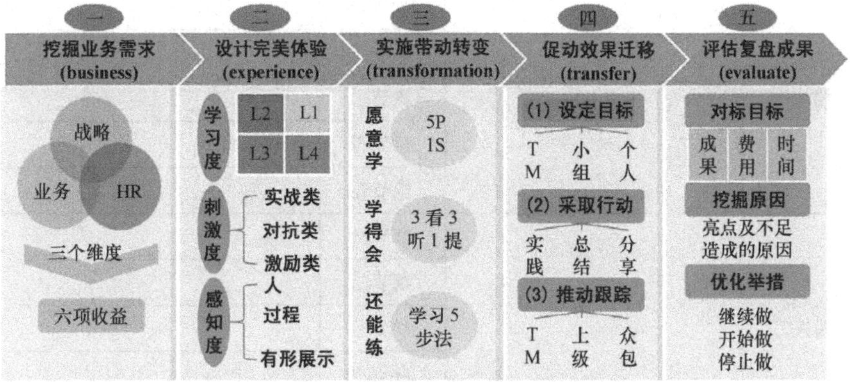

图 5　BETTER——支撑战略和业务的学习项目设计

第三步　为每个模块取一个动听的名字

取名可以是模块的标题，也可以是课程大纲的名称。取名的原则是“简练、工整、易记、直击痛点”。简练就是要求用最少的字表述知识点的内容，比如，挖掘客户的需求，不如直接写“挖掘需求”；工整指每个模块的标题尽量保持统一的风格，比如，可以是动宾结构或者主谓结构，七个习惯分为“依赖期、独立期和互赖期”；易记是取一个相对响亮容易被记住的名字，比如，前面讲到的 3C、BETTER；直击痛点是标题要能够让学员看到这部分内容能帮其解决什么问题，带来什么帮助，比如，“介绍产品”不如“推动成交”吸引人；“汇报工作”则不如“赢得领导支持”有力。

为了更好地促进你将培训内容模块化，下面附上表 8 供参考。

表 8　培训课程内容模块化设计

一级大纲	名称（串联或并联）能否用“几个 ××”来描述	二级大纲	名称（串联或并联）能否用“几个 ××”来描述
导入		导入	
模块一		章节一	
		章节二	
		章节三	
		章节四	
		章节五	
模块二		章节一	
		章节二	
		章节三	
		章节四	
		章节五	
模块三		章节一	
		章节二	
		章节三	
		章节四	
		章节五	
模块四		章节一	
		章节二	
		章节三	
		章节四	
		章节五	
模块五		章节一	
		章节二	
		章节三	
		章节四	
		章节五	

表 9　精英人才隐性经验萃取——四种方法萃取精英人才的隐性经验

前文提到，在企业内部，知识萃取是一种非常重要的学习方式，是将经验萃取作为规律，在日常工作中可以推而广之的工作方法。知识萃取不仅是组织沉淀和传播优秀工作方法的必经之路，更是个人提升自我学习能力的利器。

同时，企业越来越注重内训师的培养，在内训师培养工作中最关键的一个步骤就是知识萃取。内训师培养不仅是简单的训练呈现技巧，而且是帮助业务专家将最为闪亮的经验挖掘出来，萃取成一颗颗珍珠宝石，然后串成价值不菲的项链，具体流程如图 6 所示。

这个过程要解决的三个核心问题：（1）经验如何挖掘？（2）方法论如何萃取？（3）萃取后如何建模？

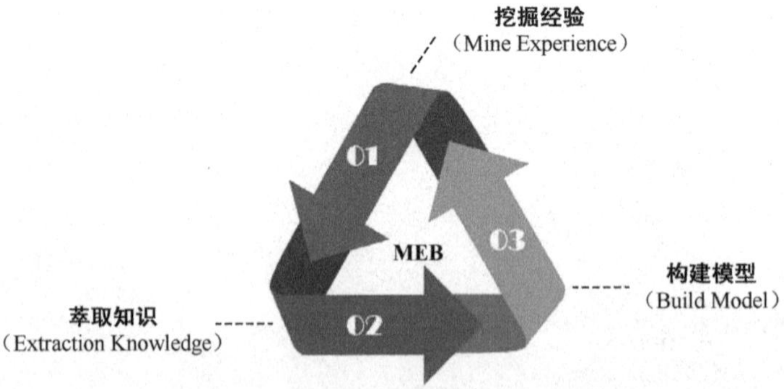

图6　内训师隐性经验萃取流程

挖掘经验

普通员工和专家的区别就是专家认为很简单的技巧但是普通员工认为很难，很多专家的隐性经验是日积月累出来的，这种隐性经验就需要利用各种挖掘的方法，下面介绍四种技巧。

（1）魔法棒法

这种方式适合自我知识萃取。我们的潜意识中已经有大量可以萃取的经验，而很多经验并不是显性的，要通过问题来引导，我们称这样的问题为“魔法棒”。在表8的内容中，我们介绍了“串联”和“并联”两种逻辑，也可以称为“流程步骤法”和“关键要素法”。显然，前者是将关键要点总结为几个步骤，常见的说法是“……的几个步骤，……的几个环节，……的几个阶段”；后者是将要点总结出来构成并列的关系，常见的说法是“……的几个特征，……的几个要点，……的几种方法”。

魔法棒法，就是基于要萃取的内容，向你的大脑提问，我现在需要总结提炼，如果用串联的方式，如何总结？如果用并联的方式，如何总结？比如，你要解决的问题是如何有效汇报工作，可以向大脑提问：有效地向领导汇报工作，需要采取哪些步骤呢？（串联）；有效地向领导汇报工作，有哪些技巧呢？（并联）

（2）问“HOW”和“WHAT”法

这种方式尤其适合于动作技能的自我萃取和一对一对话式萃取。在业务专家眼中，这些技能都很简单，但是只有通过拆分，尤其是将其中的关键点显性化，学员才容易学习和练习。这就需要通过问题进行引导，主要的问题是“怎么做？”和“是什么？”，我们称之为问“HOW”法和“WHAT”法。

比如，你擅长做番茄炒蛋，如果要把经验总结出来，那就要不断问怎么做？你可能会回答“打蛋—切番茄—炒鸡蛋—炒番茄—加蛋—加糖—出锅”，但这时候要思考如果针对初学者，他们能否学会。我们可能还需要再问“怎么打蛋？”“番茄切到什么程度？”“炒鸡蛋炒到什么火候？”而作为业务专家这时候就会回忆自己炒番茄的过程，将隐性信息不断显性化。

（3）访谈法

大量的智慧技能和人际交往技能是需要通过访谈进行深度挖掘的。萃取专家要掌握访谈的技巧，用结构化的方式引导业务专家将经验表达出来，同时要敏锐地发现整个故事的结构是否完整，细节部分是否已经充分呈现。图7为业务专家访谈五步法的具体内容。

我们在访谈技术中融入了教练技术，能够帮助访谈者和业务专家营造亲和的气氛，利用开放式问题让整个氛围流动起来，使其经验像喷涌的泉水一样流淌出来，而访谈者要做的就是持续提问和完整记录。在访谈中，萃取专家要适时掌控问题的逻辑层次，帮助对方层层深入，从环境层到行为层再到能力层甚至到价值观层。而业务专家在整个过程中也会酣畅淋漓，受益极大。

图 7　业务专家访谈五步法

在访谈中，我们经常遇到的问题是，业务专家可能觉得没什么可以分享的，他们认为其实没有那么复杂。但作为访谈者要挖掘出更深层次的内容，这就需要将当时的具体情节梳理出来，包括当时的时间、地点、参与人物、怎么说的、怎么想的、看到了什么等。所以当对方说得非常简单时，访谈者可以用这样的问题提问：当时是发生在什么时间？发生在什么环境下？有哪些人参加了？大家当时是如何对话的？你在那样的情境下是怎么想的？

有一次我访谈一个财务人员追回款的案例。她说："就是去和客户进行了一次洽谈，最后赢得了客户的认可。"然后我问："那是发生在什么时间，在什么样的环境下开展对话的？"类似问题可以引导业务专家回到当时的情境中。

下面是可以参考的问题清单。

- 您从事本工作多久了？
- 咱们日常的工作任务有哪些？
- 在这些工作中主要的挑战有哪些？

- 您能回忆一个最近自认为很有成就感的案例吗？
- （如有必要）当时的背景是什么？需要实现的目标是什么？
- （如有必要）当时是怎么想的？怎么说的？怎么做的？（还原整个情境，尤其是细节）
- 在这个过程中，您认为哪些关键措施促进了您的成功？
- 如果再做一次的话，您可能还会采取哪些优化措施？
- 我们可以带着哪些正向积极的要素去面对类似的挑战？

（4）焦点小组法

这种方法更是一种有效激发集体智慧的过程，整个过程本身就是一次学习过程，让参与者触碰到智慧的力量，如图 8 所示。

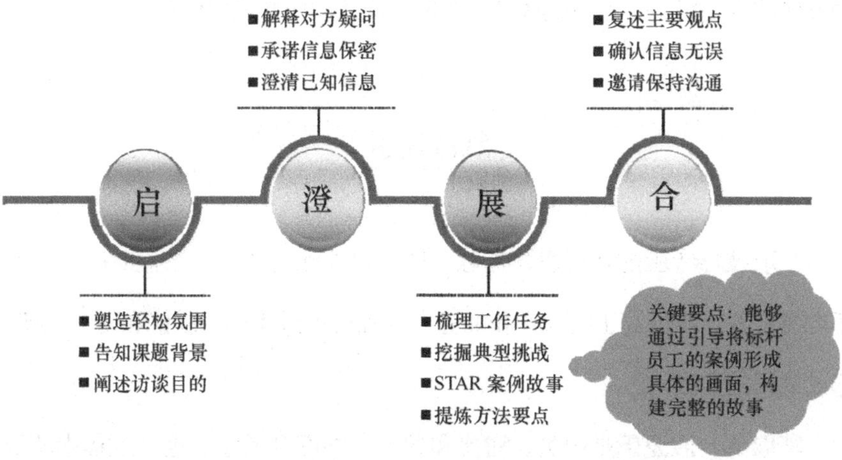

图 8　焦点小组法——知识萃取的“启澄展合”

一般我们选择 4 ~ 6 名业务专家作为焦点小组研讨的成员。基本引导流程包括如下内容。

① 说明背景、要求和流程。

② 邀请被访谈者分析该主题下的工作任务及要求。

③ 研讨不同工作任务下的学员痛点。

④ 针对痛点邀请一位业务专家分享他们成功的案例。

⑤ 邀请大家对案例中的关键点进行提炼。

⑥ 其他专家对这些关键点进行确认，判断是否具有推广价值（是个案，还是普适性案例）。

⑦ 其他专家分享更多案例，以进行更多的知识萃取。

⑧ 对解决该痛点的关键技巧形成共识。

⑨ 以此类推，对其他痛点进行经验挖掘。

需要说明的是，在对业务专家进行隐性经验的挖掘时，最好是以上几种方法结合使用，焦点小组法可以在最后确认达成共识时使用。

萃取知识

萃取技巧考验的是反思、提炼、概念化的能力，其实在短时间内这并不容易掌握。萃取高手往往在和业务专家互动的过程中，就能和对方共舞，形成共识的方法论。

萃取的一般逻辑是归类、对比和抽取，如图 9 所示。这个过程中萃取知识要概括到什么程度，取决于业务问题和学员对象。浅的层次是一般方法论，深的层次可以到理论。要把握到什么程度，需要围绕着未来要解决的问题和教学目标。当然能萃取到什么样的内容和养料，取决于萃取师的水平，这个与其知识背景、经验积累和教练状态有很大关系。

图 9　萃取的一般逻辑

归类：归类的方法可以按照时间线、对象线、情境线、动作线、事物线等进行划分。如客户拜访的内容，我们可按照时间线划分，如拜访前的工作、见到客户时的行为、深入互动的行为等。而挖掘客户需求的方式可以根据动作线进行划分，比如，有的是需要提问，有的是需要观察，有的是需要聆听等。如向领导汇报工作，则可以根据情境进行分类，在不同情境下业务专家采取了哪些不同的方式来向领导汇报工作。

对比：对比包括优秀经验和一般经验之间的对比，也包括分类后各类别行为之间特点的对比。比如，优秀的培训管理者的特点是在调研培训需求结束时邀请支持者参与到学习项目中来，而普通的培训经理可能不会有意识地开展此项工作。所以我们在访谈技巧中加入了"赢得支持"这一环节。各类别行为之间的对比即找到各种情况下采取的方法的差异点。比如，在"情境领导"课程中，针对不同类型的员工采取的有效领导行为有很大的差异。笔者通过对比总结出差异点：针对"能力高、意愿高"的情境可采取"授权式"领导方式；针对"能力高、意愿低"的情境可采取"参与式"领导方式；针对"能力低、意愿高"的情境可采取"推销式"领导方式；针对"能力低、意愿低"的情境可采取"命令式"领导方式。

抽取：将关键词汇和关键方法抽取概括出来，形成简要的、概括性的、精准的词汇。比如，经过对比，我们发现优秀的销售人员在挖掘客户需求时，不仅关注该组织在业务方面的需求，还关注该产品能为其个人带来什么价值，可以抽取提炼为关注组织需求和个人诉求。用需求和诉求两个词将二者区分开，学员在学习时也可以形象地理解该知识点要表达的要义。当然，为了更好地让学员了解具体有哪些组织需求和个人诉求，萃取专家可以将业务专家提供的内容再进行归类总结，以便学员快速掌握。

构建模型

知识萃取出来，如果是很散的内容，缺乏逻辑和系统性，显然不能成为经典。笔者通过对大量知识模型的研究，总结出六种构建知识模型的规律，如图 10 所示。

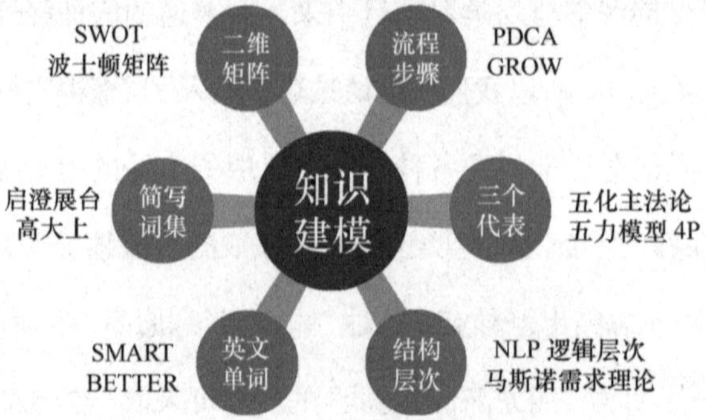

图 10　六种构建知识模型的规律

方法 1：二维矩阵

二维矩阵这种方法在各种理论流派中很常见，比如，战略中的 GE 矩阵模型、营销中的波士顿矩阵（如图 11 所示）、情境领导中的领导风格矩阵、人力资源中的定位模型。

图 11　波士顿矩阵分析

我在课程开发中也经常使用二维矩阵模型，如前文介绍过的学习方式匹配模型。使用情境：需要对研究对象进行分类，不能采取“一刀切”的方式，通过分类对不同象限采取相应的举措或者进行取舍判断。

使用方法：

① 找到两个（或三个）分类的重要维度，这两个维度一定要对后期举措非常重要，如对客户的购买能力和购买频次进行区分，可能对年龄或性别的区分就不是很重要；

② 纵横交错构建四个象限，个别情况下分成六个或九个象限；

③ 给每个象限取一个名字，并确定相应的应对举措。

方法 2：流程步骤法

其实，流程步骤法到处可用，因为我们在日常工作或生活中的做事逻辑就是一条时间线，先干什么，再干什么。非常经典的模型如 PDCA、麦肯锡的问题分析和解决（七步）、教练技术中的GROW等。它们都是将具体的方法论提炼成几个步骤，然后构建一个模型。GROW模型如图12所示。

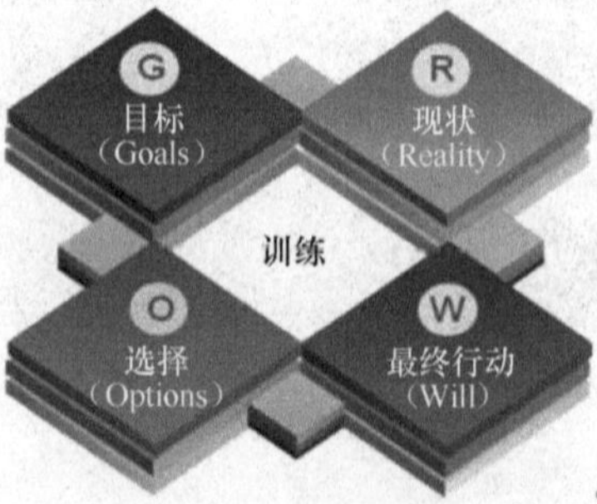

图12　GROW模型

使用情境：需要将各种方法和举措形成套路，构建成一步步的操作方法，形成整体的框架和逻辑。

使用方法：

① 梳理完成一项工作任务的流程步骤，控制在七个环节以内；

②用动宾结构（三个字或四个字）概括每一个要点；

③如果可以的话，将每个要点翻译成英文，或者取其中一个字，连起来形成比较容易记忆的英文单词或者词组。

方法3：三个代表法（重复词法）

这种方法在政府工作报告中很常见，比如，一个中心两个基本点、三个代表、八荣八耻、三严三实等；或者是经典理论模型，如战略分析中的五力模型、营销学中的4P理论等。4P理论模型如图13所示。

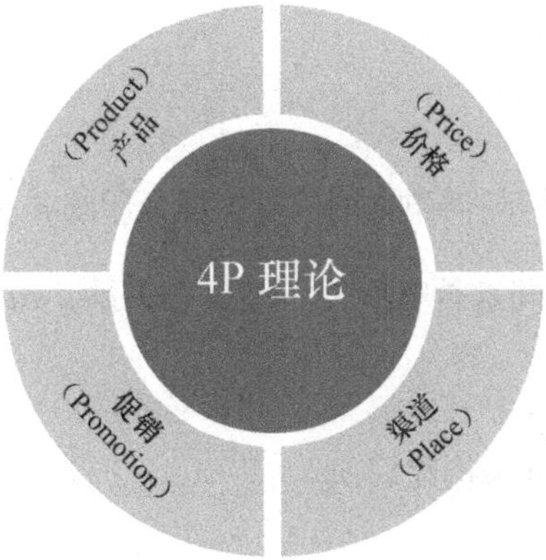

图 13　4P 理论模型

我在课程开发中也会用到这种方法，比如，学习设计师中的六度模型、培训内训师的“五化”方法论等。

使用方法：

① 将知识点提炼总结为几个关键的要素，这些要素间可能是并列且互相影响的关系；

② 用几个词来概括每一个观点，建议控制在五个字以内；

③ 找到这些要素之间共同的词或字，这步的关键点是我们需要找到一些通用的词汇，如果有难度，可以试着用一些常用的词汇，如力、度、化、法等。

方法 4：结构层次法

结构层次法是这六种方法中难度较大但又非常具有逻辑性的一种方法，该方法主要将知识内容按照一定的逻辑分层，分层后有利于指导我们的工作。比如，著名的 NLP 逻辑层次、马斯诺需求理论、布鲁姆的教育目标分类（前文已经提到过）。

我也曾用分层的方法来总结观点，如将培训经理的定位分为四层，将客户服务的内容分为五层。

使用方法：

① 将主要要点根据归类和类别进行梳理，形成 3 ~ 7 个类别；

② 判断这些内容间是否有高低、递进等关系，如果有这样的关系，则可以构建层次；

③ 根据要点的高低来构建层次。

方法 5：英文单词法

英文单词法并不是一种独立的方法，前面的二维矩阵、流程步骤或者结构层次的要点有时候也用英文单词法进行整合，比如，SWOT、PDCA 等。除此之外，基于关键要素，将其翻译成英文单词，因此构建英文单词法也是一种常用方法，如绩效指标制定的 SMART 法则。这种方法对英文要求相对高些，不过可以尝试使用，比如，前文提到的“支撑战略和业务的学习项目设计”课程，将里面的内容翻译后，组合成了“BETTER”模型。

使用方法：

① 将要点提炼总结，形成非常简单的名词、形容词或动宾结构；

② 翻译成英文单词；

③ 将首字母提出来再组合在一起，看能否形成一个英文单词或者是较通顺的字母组合，有时候需要更换意思相近的单词或者是调整几个要点间的顺序。

方法 6：简写词集法

简写词集法与英文单词法异曲同工，简写词集法是基于中文，英文单词法是基于英文。这种方法在网络语言里很常见，如高大上、高富帅、白富美等，不过在传统的语言世界里也有这种方法，如中医的望闻问切、文章的起承转合、翻译的信雅达。

使用方法：

① 将要点提炼总结，形成非常简单的名词、形容词或动宾结构；

② 将第一个字提出来再组合在一起，看能否形成一个较通顺的汉字组合，有时候需要更换意思相近的词语或者是调整几个要点间的顺序。

学习能力的一大体现是能够经常反思，总结规律，以上六种方法是笔者总结的规律，希望能够帮助大家更好地提升知识萃取能力、课程构建能力和提炼总结能力。为了帮助你掌握以上方法，现附上表 9。

表 9 精英人才隐性经验萃取

业务专题：

<table>
<tr><th>序号</th><th>专家经验</th><th>归类（按照哪种维度分类）</th><th>萃取</th><th>建模</th></tr>
<tr><td>业务专家 1</td><td></td><td rowspan="6">内容类别 1：
内容类别 2：
⋮
内容类别 n：</td><td rowspan="6"></td><td rowspan="6">基于什么方式帮助学员记忆和理解</td></tr>
<tr><td>业务专家 2</td><td></td></tr>
<tr><td>业务专家 3</td><td></td></tr>
<tr><td>业务专家 4</td><td></td></tr>
<tr><td>业务专家 5</td><td></td></tr>
<tr><td>业务专家 6</td><td></td></tr>
</table>

表10　基于学习规律的教学设计——尊重学习规律的教学活动设计

建构主义强调学习者的主动性，认为学习是学习者基于原有的知识经验生成意义、建构理解的过程，而这一过程通常是在社会文化互动中完成的。这就要求课程开发重在设计学员学习的流程。

五星教学模式（又称“首要教学原理”）是美国杨百翰大学夏威夷分校的梅瑞尔（M. David Merrill）教授提出的教学理论。其核心主张是在“聚焦解决问题”的教学宗旨下，教学应该由不断重复的四阶段循环圈——激活旧知、论证新知、尝试应用练习和融会贯通构成，如图14所示。

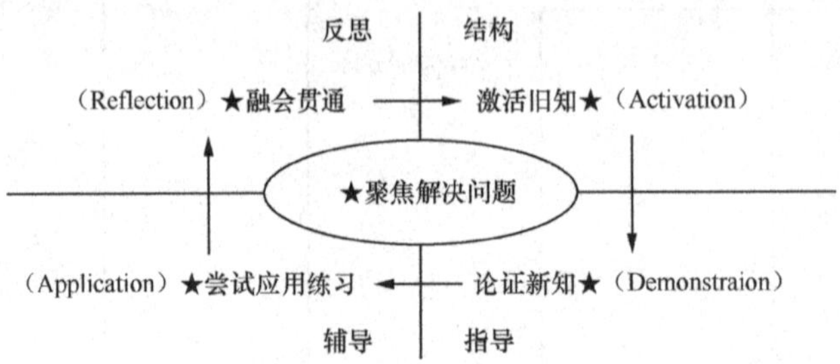

图14　五星教学模式结构

《聪明教学7原理》一书提到了以下七个原理。

① 学生已有的知识会促进或阻碍其学习；

② 学生组织知识的方式会影响其学习和运用知识的方式；

③ 学生的动机激发、引导和维持他们的学习活动；

④ 要达到精熟的水平，学生首先需要掌握成分技能，然后练习整合这些技能，并且知道何时运用所学的技能；

⑤ 目标导向的练习，结合针对性的反馈，对学习至关重要；

⑥ 学生当前的发展水平与课堂中的社会、情感学习氛围相互作用，共同影响他们的学习；

⑦ 要想成为自主学习者，学生必须学会评估任务的要求、评价自己的知识和技能、设计自己的学习方法、监控自己的学习过程，并根据需要调整自己的学习策略。

从这七个原理中也可以看到，我们在教学活动设计中要考虑以下环节：设计教学目标、激活学员旧知、引导学员练习、创造分享氛围、促进学员自我建构。具体总结的成人学习五步法如图15所示。

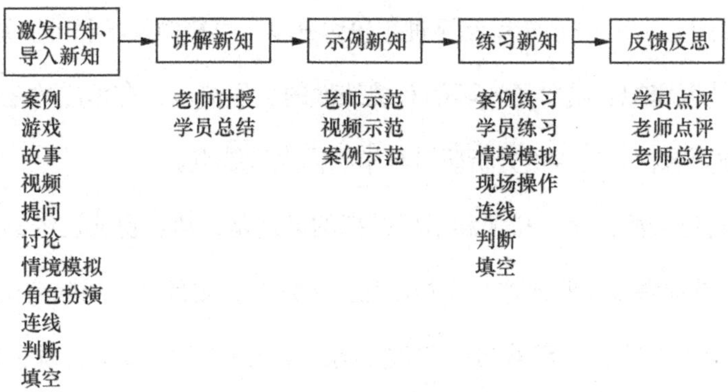

图15　成人学习五步法

第一步 激发旧知、导入新知

本步骤是设计学员从旧知到新知之间的一个桥梁。学员很难做到“空杯而来”，他们在生活和工作经历中会形成自己的旧知，这对其学习新知会形成促进或阻碍作用。这些已有知识有的和我们将要学习的知识一致，激活这些“前概念”，会促进新知识的学习；有的已有知识与将要学习的知识矛盾，会阻碍新知识的学习。如果培训师善于引导学生发挥已有知识的固着作用，新知识将会被“黏”得更牢，更容易组合到学生的知识体系中。

体验式教学中强调学员的自我体验，“激发旧知、导入新知”这一步就是要促发学员充分的体验，帮助学员自我思考、感知，寻找解决问题的答案。常用的教学方式包括以下几种。

① 案例分析：给学员正反案例，要求学员进行分析，这些案例是学员日常工作中可能遇到的典型案例，容易链接其旧知。

② 视频分析：将案例拍成视频方式，是案例的另一种展现形式。

③ 小组讨论：各小组就问题进行研讨分享，直接激发学员的旧知。

④ 情境模拟：给学员实际的有挑战性的工作情境，有相应的角色演绎完成挑战要求，其他学员分析研讨其中的优点、缺点。

⑤ 角色扮演：角色扮演和情境模拟的区别是，角色扮演已经给角色设定了相应的演绎要求和脚本，学员不用太多发挥，更像是现场版的视频。

⑥ 游戏体验：用游戏方式暗喻实际工作中的工作情境，以引发学员思考。

如果学员在该知识点没有工作经验，也可以要求借鉴其生活经验。其实，工作和生活是相通的，比如，学员没做过流程管理，怎么让学员自己思考出来？学员应该在生活中有流程规划的经验，比如，要请朋友来家里做客，需要规划什么时候约朋友，约哪些朋友，几点来人，来了以后先干什么，炒菜的话先炒哪个……这也需要梳理流程。所以在教学设计中，我们可以要求学员结合生活中的经验思考和分享，然后牵引到课程知识点。

需要强调的是，这一步的设计非常重要，目的是使学员能够思考接下来的知识点并阐述出来。

第二步　讲解新知

如果学员能够将知识点分享出来，则完全可以由学员来讲解。而培训师在讲解时有三个要求。

① 讲全：如果学员展示的内容不够全面，则培训师讲解时需要将内容全面地展示出来，给学员补充。

② 讲深：如果学员已经对基础的知识有所掌握，培训师要将深入的理论或者是背后的原理解释给学员。

③ 讲系统：新手和专家相比，他们所掌握的概念、事实和技能之间的联系密度或数量都远小于专家，因此知识组织的方式通常比较简单，知识之间缺乏内在的联系。培训师可以系统地告知学员整体的知识图谱，帮助学员进行完整建构。

需要说明的是，这一步是基于前一步学员的分享而来，所以要有引导的过程，而不是直接搬出知识。这个过程也是一个融合的过程，将新知和学员旧知揉在一起。当然，如果学员的旧知有不正确之处，培训师也要通过案例讨论等方式帮助学员纠正。

第三步 示范新知

“五星教学”中该步的逻辑是“论证新知”，强调的是向学员论证新知的正确性，帮助学员理解并纠正错误的旧知。其实除了以上目标以外，还有个重要的目的是要给后面学员练习做示范，如果是纯解释的论证新知，那应该是在第二步完成。而示范性新知，是为了向学员展示新知应用的方法，尤其是对于技能类知识，更需要进行标准化示范。根据知识点的差异性，培训师可采取相应的示范方法。

知识类型一：智慧技能类

该类型知识是通过思考、设计等分析和解决问题的知识，如课程开发、问题分析和解决、结构化思维等。该类型知识一般通过案例来示范，如分析客户投诉原因，针对不同原因设计相应的典型案例。

知识类型二：人际技能类

该类型知识可以设计两种示范方式：一是讲师提前撰写自己经历的与此知识点相关的案例，现场示范；二是通过寻找与此相关的视频示范。比如，我在讲“情境领导”课程中的领导风格时，首先会通过课程中的视频来示范，然后自己扮演领导，让一个学员扮演下属，将 S1 ~ S4（4 种领导风格）演绎一遍，让学员观摩其中的差异。有些讲师在开发课程时会从电视剧或电影中截取相关的视频进行示范，也是一种不错的方式。

知识类型三：动作技能类

如果知识点是动作技能，讲师必须自己现场示范，带着学员操作，比如，Excel、PPT、设备操作和维修。

第四步　练习新知

《聪明教学 7 原理》一书强调，教师作为专家，和学生相比最大的优势就在于知识组织的方式和丰富性。这对教师来说是一个优势，但同时也可能成为学生学习的障碍。

之所以这样说，是因为其一，教师把知识分成组块，就很难把技能分解给学生看；其二，教师在授课中常常会无意中省略一些解题的步骤，或者会采取简便的方法解题，而学生却不能完成这样跳跃性的思维，从而导致跟不上老师的思路；其三，教师完成复杂任务的效率非常高，因此会低估学生学习或完成同样任务的时间；其四，教师能够熟练地在不同的环境中进行相关技能的迁移，因而往往会高估学生在这方面的能力。

很多培训师在培训过程中采取宣贯的方式，根本不给予学员练习的时间，这样的培训对学员很难产生帮助。练习新知是实现知识迁移的重要步骤。如果学员在课堂上都做不出来，很难期望其回到工作环境中去应用。就好比我们学游泳，学开车，必须在教练的指导下充分练习，掌握娴熟。每一个知识点后面都需要设计练习方式，该练习与学员回到岗位后的应用情境越匹配越好。

具体来看，三类技能的操练方式分别包括以下内容。

智慧技能：第一种方法是由课程设计者提前设计案例，并设计学员需要完成的任务，在课堂中学员完成练习，类似于学生解应用题。好处是参考答案一致，课堂氛围可控，讲师容易点评；第二种方法是现场要求学员用工作中的实际问题来完成练习，好处是实战性强，对于讲师的挑战是每次碰到的都是个案，讲师要用自己的经验和知识来指导学员解决个案问题。所以在课程设计过程中，一般需要根据知识的特点设计讲师的点评话术。

人际技能：常用的方法是情境模拟，课程设计者需要提前设计情境和相关要求，由学员现场完成练习，同时在课程设计时需要设计讲师的点评。比如，绩效沟通这一知识点，设计的情境一般是：

- 领导希望下属接受挑战性的指标（设计指标额度）；
- 下属不愿接受更加有挑战性的指标。

课程设计者需要对去年的指标状况、市场环境，以及今年公司的战略方向、组织要求、环境变化等进行描述。

动作技能：动作技能的练习方式，就是现场操练，如设计 PPT，讲师设计相应的要求，由学员现场设计、制作与提交；学习 Excel 各种函数的使用，课程开发者需要提前设计一些数据，要求学员用函数处理数据，现场提交。

另外，如果是纯知识类，如企业历史、公司制度、产品知识等，可以通过填空题、判断题、连线题等方式来让学员练习。

需要强调的是，本练习环节是基于前期在表 5 分析中所设计的教学目标，如教学目标是计算毛利率，则这里就是要学员练习计算毛利率；如前期设计的教学目标是根据客户的不同特点，呈现相匹配的沟通话术，则练习活动就要学员练习匹配沟通话术。第二点要强调的是，练习不是走过场，为了练习而练习，要尽可能让更多学员可以练习，如情境模拟，随机挑选两名学员练习不如学员“两两搭档练习”。

第五步　反馈总结

学员练习后要给学员有效的反馈，反馈是帮助学员成长的重要方式，如果不给予学员反馈，学员就不知道哪些环节还需要完善。这个环节可以学员间先反馈，然后培训师再予以反馈，告知学员哪些内容已经理解了，哪些还没有理解，哪些方面表现得好，哪些方面还需要改进，学生根据这些反馈的信息，能够明白他们离目标还有多远，哪些方面还需要改善。反馈要基于教师为学生设定的学习目标和活动结构在适当的时间内提供，以便学生能够充分地利用反馈信息。培训师一次反馈的信息不能太多，以免学生找不到头绪，抓不住重点；反馈要经常性的、及时的，这样对学习的促进效果才明显。除此之外，培训师还有三个要做的动作。

① 答疑，对于学员在练习中的疑问，培训师要及时给予解答。

② 反思，给学员时间，让他们思考本部分内容带来的启发，对他们的工作或生活会带来什么样的帮助，如何应用到实际中。

③ 总结，培训师带领大家对本部分的内容进行总结，强调重要知识点。

为了更好地设计教学活动，我们建议基于表 10 为每一个关键知识点设计一个完整的基于成人学习五步法的教学流程（活动）。

表10　基于学习规律的教学设计

知识点：　　　　　　　　　　教学目标设定：

（说明：基于可评估的表现性目标设定原则，如“在讲师给予情境的条件下，学员可以演练挖掘客户的技巧”）

成人学习五步法	教学设计（填写基于教学目标的相关环节设计）
激发旧知、导入新知	
讲解新知	
示范新知	
练习新知	
反馈、总结	

表 11　课程全景图设计——设计精品课程

基于前面几章的内容，我们如何完整设计整个课程呢？从大的逻辑来看，就是“总—分—总”的结构，开场是总体介绍，然后展开演进，最后总结。在这三段式结构里，每一部分都有要解决的问题。课程设计全景图如图 16 所示。

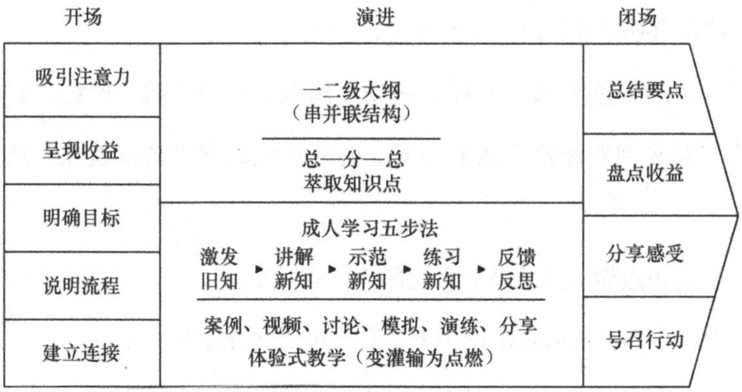

图 16　课程设计全景图

开场：引人入胜、激发动机

培训开场要解决三个问题：一要激发学习动机，让学员愿意听；二要对期望和目标达成共识；三要促进学员间连接，破冰融入。具体我们在开场可以设计以下五个环节。

1. 吸引学员注意力，引发学员共鸣

在开始要先声夺人，吸引学员，让他们对培训所要解决的问题产生共鸣。常用的方法有两种。

一是通过讲一个与课题相关的经典案例，引起学员共鸣和产生兴趣。记得夏凯老师在“销售罗盘”课程开场时，讲了一个非常曲折的失败案例：前期销售员已经采取构建客户关系、呈现产品优势等方式赢得客户方的口头支持，但是最终投标没拿下该项目。“煮熟的鸭子飞了”，这是在销售过程中常见的情境，可以引发学员的共鸣和对课程的兴趣。通过正反案例吸引学员注意力是很多培训师开场的常用方法。

二是提问一些大家普遍存在的痛点问题，引发共鸣。比如，有内训师在讲“互联网对保险行业的冲击”时，首先让学员全体起立，然后开始说：

- 没有用过微信的请坐下（没有学员坐下）；
- 从来没有网络购物的请坐下（有一两个学员坐下了）；
- 认为互联网绝对不会对保险形成冲击的请坐下（还是没有人坐下）。

通过这种方式促成学员对互联网冲击的共同认可，也提升了学员学习该课程的兴趣。

2. 呈现课程收益，赢得学员认同

在沟通中有一条非常重要的原则“WIIFM”，即“What's In It For Me？”，“你讲的内容对我有什么帮助？”培训课程在开场时就要借这个问题，引发学员的兴趣。这里说的收益和课程目标不一样，收益是学员在学习本课程后能解决的问题，以及给未来工作或生活带来的好处，是在表 5 中讲到的业务收益。如“拜访技巧”课程的收益可以是：

- 促进销售业绩达成；
- 提升拜访客户的成功率；
- 提升拜访时间的利用率；

这需要准确挖掘客户的潜在需求。

3. 界定知识目标，实现双方共识

在表 5 的分析中，我们介绍了界定学习目标的方法。在课程开始时，培训师要清晰地告知学员，做到“以终为始”。这也是培训师和学员双方就课程过程中要实现的目标达成共识。如“绩效管理”课程的课程目标：

- 在讲师示范和指导下，学员可以尝试分解自己部门的绩效指标；
- 在讲师提供案例的条件下，学员可以使用 SMART 法则设定部门指标；
- 在讲师提供情境的条件下，学员可以模拟绩效沟通和辅导的技巧。

4. 告知培训流程，解答学员疑惑

人们喜欢听到明确、逻辑清晰的信息。就像我们报了一个旅行团，希望导游在开始就将整个行程清晰地展示给我们。在开场告知学员整个课程的演进流程和各模块的时间安排，可以给学员一个全貌，让其做到心中有数。

比如：

- 我们整个课程分为五个模块，第一天学习前两个模块，第二天学习后面三个模块；
- 整个课程进行过程中，我们将有一个完整案例贯穿始终，每进行一步，各小组需要完成案例中的作业要求；
- 我们将设定积分制，小组之间要对抗，最后选出优秀小组。

5. 建立情感连接，促进学员交流

《聪明教学7原理》一书将教学目标分为知识目标、社交目标和情感目标三种，即学员来参加培训除了学习知识外，还希望能够结识更多朋友，在情感上获得愉悦和满足。这其实在我们组织的很多培训课堂上得到了论证，尤其是在公开课中，不少学员将结交朋友作为他们参训的期待目标之一。

如同很多培训师会在开场时设计破冰活动一样，这里需要帮助学员在开场时互相认识，并让他们分享对培训的期待，自己在这方面的经验。注意这里不仅仅是制造活跃气氛这么简单，更重要的是让他们敞开交流，促进授课过程中的智慧碰撞。所以，建立连接不仅是开场需要完成的工作，还是在授课过程中要持续推进的工作。

演进：详解教学内容，设计体验活动

课程主体内容的设计，包含内容（表 8、表 9）和形式（表 10）两个部分，在前面我们已经提及，这里补充说明三点。

1. 要设计清晰的主线

每个课程都要有清晰的主线，具体分为内容线和活动线。内容线可以沿用第八章所分析的内容根据课程的整体框架展开，如根据操作的具体步骤（串联），或者根据完成一项工作的关键要素（并联）展开。活动线可以根据课程的特点进行设计。

智慧技能类课程：可以用一个完整案例作为主线，课程每演进一步，学员完成一步练习。比如，“问题分析和解决”课程，就可以每个组带着一个案例，培训师讲解一步，学员练习一步。比如，“销售罗盘”课程就是培训师提供一个相对复杂的销售案例，串起沙盘模拟过程。

人际技能类课程：划分典型的人际互动场景，培训师采用视频或现场示范形式进行教学，学员用模拟或实际案例进行两人、三人或小组模拟练习，然后分享总结。如前文所提到的“情境领导”课程，四种典型的员工状态匹配四种领导风格，每种情境都有一段视频示范，然后学员间可以互动练习。其他类似课程如 DISC 沟通等也可以用此方式设计。

“智慧 + 动作”技能类课程：如 Excel、PPT、视觉引导等课程可以现场模拟练习，也可以让学员在自己工作的实际案例中练习。

2. 每个知识点的"总—分—总"设计

每个知识点有"放"和"收"，有"开门"动作和"关门"动作。开门就是"接下来这部分主要讲的内容是……"；关门就是"所以在该部分我们主要讲解了……"。在课程设计时，每部分内容结束时可以设计一张专门的"小结"页，总结要点和关键点，对于复杂的内容可以通过"口诀""内容框架图"等方式进行总结，以加深印象。

3. 每一个体验活动的设计

体验活动的设计目的是引发学员自我的探寻、思考和交流。老师不是标准答案的给予者，而是一个引导者，引导学员找到解决问题的答案。《重构学习体验》中对体验式学习做了阐述，讲到"体验—认知—理论"三个步骤，其中体验活动的设计就是要去触及学员的情感，让学员沉浸其中；而认知是通过老师的提问引导学员自己改变认知；最后带着学员一起总结理论。

为了更好地设计教学活动，现总结教学活动的"六步"演绎法，如图17所示。

- ◆ 讲目的　说明接下来教学活动的目的
- ◆ 给背景　将教学活动的背景信息向学员解释清楚
- ◆ 讲规则　说明要求、流程、时间、展示规则等；如果是情景模拟，还要说明对观察学员的要求
- ◆ 做活动　老师根据前期的设计进入教学活动，并观察和记录要点，随时回答学员的问题
- ◆ 找人说　抽取部分学员分享观点或感受；在学员发言时，培训师需要记录关键词，并予以反馈
- ◆ 做总结　对教学活动得到的结论进行总结

图17　教学活动"六步"演绎法

需要特别说明的是，在课程开发中容易忽视第一步、第二步、第三步和第六步。如果学员在参与体验活动前不清晰其目的和相关规则要求，就难以进入状态。而如果最后缺乏总结，那就失去了体验活动设计的意义。

闭场：总结知识要点，促进学以致用

俗话说，“编筐编篓，全在收口”。培训的结尾是课程的点睛之笔，要给学员留下深刻印象。

1. 总结回顾要点，重温课程全貌

课程结束时要给学员足够的时间让他们回顾知识点，并进行重新构建和整合，这也是在帮助他们将知识模块化和体系化。有两种方法：一种是老师让每组学员自己进行总结，学员可以通过画逻辑框架图的方式完成；二是老师通过一个完整的课程框架展示课程的全貌，比如“BETTER——支撑战略和业务的学习项目设计”课程。我会要求学员先自我总结，然后给学员发放一张卡片，卡片的内容包括整个课程知识点的逻辑框架。

2. 分享学习感受，促进能量流动

培训也是一个能量场，要让正能量流动起来。在课程结束时，通过回顾整个课程，大部分学员都会产生正面的直观感受。邀请学员将这种感受分享出来，能促进学员间能量的传递，也可以帮助学员从更多维度审视课程，可以采取的做法是邀请全体学员手拉手围成一个圈，确保每位学员都能看

到其他学员的眼睛；从培训师的左手边开始，大家轮流分享。我们也称之为“能量分享圈”，如图18所示。

3. 升华培训收益，激发应用动机

学是为了用，为了让学员有动力实践所学知识，培训师有必要进一步总结课程的收益。结束时呈现收益和开场时呈现收益的差别在于：学员已经学习了整个课程，可以引发学员自己思考这些知识点应用于哪些领域，应用后会给工作和生活带来哪些帮助。

图18　能量分享圈

比如，学员学习“雕课工坊——直击痛点、促进转化的课程开发”后，发现该课程里的知识点不仅可以应用于课程开发，还对撰写工作报告、做PPT、教育孩子、辅导下属等都有帮助。这样就进一步激发了学员马上应用的动机，所以称为升华收益。

4. 号召学员行动，促进学以致用

培训的结束只是学习的开始。最后一步要号召学员行动。一般情况下

我会要求学员自己撰写三大行动计划，而且越具体越好，包括练习目标、练习频次、提交成果等。需要提醒的是，练习目标应该是针对具体的知识点设定，比如，课程是“学习项目设计”，则练习的目标不能是“回到工作岗位后用老师的方法设计学习项目”，这样的目标几乎没有任何意义，这只能算是一种意愿的表达。如果设计成图 19 所示的内容，则会更好。

练习技能	练习时间	练习频次	练习方式	提交成果
需求访谈	两周时间内	每天两次	真实访谈或模拟访谈	每周一篇成功的访谈案例
需求分析	一个月时间内	每周两次	模拟分析重点学员培训需求	一个月内提交两份分析报告
……				
……				
……				

图 19　学习项目设计

总结以上内容，一个完整的课程设计，开场需要引人入胜，让学员有一个完整的框架概念；演进要以学员为中心，帮助学员增强体验；闭场需要总结课程全貌，促进学以致用。

表 11　课程全景图设计

<table>
<tr><th rowspan="2">开场设计</th><th>吸引注意</th><th>呈现收益</th><th>明确目标</th><th>说明流程</th><th>促进连接</th></tr>
<tr><td></td><td></td><td></td><td></td><td></td></tr>
<tr><td>演进</td><td>模块名称</td><td>章节</td><td>章节名称</td><td colspan="2">教学方式</td></tr>
<tr><td rowspan="3">模块一</td><td rowspan="3"></td><td>章节一</td><td></td><td colspan="2"></td></tr>
<tr><td>章节二</td><td></td><td colspan="2"></td></tr>
<tr><td>章节三</td><td></td><td colspan="2"></td></tr>
</table>

（续表）

开场设计	吸引注意	呈现收益	明确目标	说明流程	促进连接
演进	模块名称	章节	章节名称	教学方式	
模块一		章节四			
		章节五			
模块二		章节一			
		章节二			
		章节三			
		章节四			
		章节五			
模块三		章节一			
		章节二			
		章节三			
		章节四			
		章节五			
模块四		章节一			
		章节二			
		章节三			
		章节四			
		章节五			
模块五		章节一			
		章节二			
		章节三			
		章节四			
		章节五			
闭场设计	总结要点	分享感受	升华收益	促进行动	

表 12　内训师培养方案设计——打造优秀内训师队伍

“我可以告诉你到哪里去找最好的老师。他们就在你的身旁。”“在你们公司，肯定有一位销售量最高的销售人员。请这个人而不是从外面请人给员工授课。”这是《重新定义团队》的作者、谷歌首席人才官拉斯洛·博克在书中的观点，他认为应该从内部选出培训授课人员。

内训师的培养没有任何一个时期像现在一样受到重视，然而内训师培养又是一个非常具有挑战性的工作。内训师一般都是兼职，他们需要投入大量的业余时间和精力，这就很难维持高昂的激情。

内训师培养项目应该是有成果的。内训师培养要有两类成果输出，那就是课程和内训师，所以在很多公司也将内训师培养称为“师课共建项目”。从系统性构建良性的内训师队伍来看，公司要从根本上解决激发动机、持续培养和推向市场三个问题。

激发动机是个长期工程

公司不乏各领域的专家，但是邀请他们来讲课并不是轻而易举就能实现的。从经验来看，需要在以下三个方面加强投入。

1. 赢得领导重视

领导对于内训师培养的重视，就是对人才培养工作的重视。尊重组织内隐性经验的沉淀和传播，让能人的优秀实践发挥杠杆作用。赢得领导重视要在重要场合展示内训师的成果，呈现组织经验的魅力。有些公司会在年终会上专门安排这样的环节，邀请高管欣赏优秀内训师的成果。2018 年教师节，我参加了南京银行“我是鑫讲师”十强赛，惊讶的是所有行长和部门总经理都参加了这次大赛。原来，这个活动也是高管七天培训班中的一个环节。在颁奖环节，专门为重视内训师培养和人才培养工作的分行行长颁奖，以表彰他们对此项工作的支持。

而这些分行长重视的另一个原因是，这次比赛采取赛区模式，每个行长也会为本赛区的选手加油打气，因为他们代表了分行的荣誉。所以，要想赢得领导重视，就要展示成果；表彰标杆，拔高利益。

2. 营造组织氛围

及时宣传，不仅是对培训师项目的宣传，更需要对内训师所开发的课件、最佳案例和实践进行宣传，让更多的人认识到内训师培养为公司的知识积累和传承带来的价值。我们常讲要打造组织“学习型氛围”，宣传是非常重要的工作。

另外，开展比赛也是营造氛围的重要方式。大赛的形式会让更多的好讲师涌现出来，激发他们的斗志，展现他们的青春活力，所以好讲师大赛、好课程大赛、好案例大赛要成为培养内训师的常规机制。

3. 给内训师持续赋能

对于内训师来说，适当的物质激励是需要的，但这不能成为激发他们意愿的主要手段。激励偏向于事成之后的利益分享，而赋能强调的是激起他们的兴趣与动力，给予挑战。获得成长才是内训师最为看重的，包括能够在企业大学或培训中心学习到更多优质的课程，提升职业能力；在能力提升的同时增加在企业里的曝光率和粉丝数，间接促进职级的提升。

要给他们持续提供成长和学习的机会，包括定期组织听课、分享经验、磨课、团建等活动，让他们感受到“我们不一样”。

持续培养是个基础工程

为什么说是基础工程？内训师培训的产品是课程和老师，如果不能打造精品以满足业务发展和人才培养的需要，那这样的培养就失去了意义。

1. 打造精品课程

一门精品课程会成就一批好讲师。没有一成不变的课程，只有不断迭代的课程。所以在内训师培养项目中，我一直推崇先开发课程再培养技巧，在这方面我们要为内训师提供支持，帮他们开发课程，而不是由内训师自己开发。但是前期开发的课程品质再高，也不能一成不变。组织面临的环境在变化、业务模式在变化，工作的方法论也会随之变化，所以要保证课程长盛不衰，只有不断迭代。

公司需要成立教研组，定期组织课程优化工作，广泛听取学员的反馈，持续挖掘更加落地的方法论。很多公司都会采取这种方式，比如腾讯、国药等公司。这个教研组也会负责发展新的内训师，对新内训师进行辅导和认证。

2. 塑造优秀老师

内训师需要不断培养，优秀老师的成长除了来自于讲台上的历练外，还要不断汲取更丰富的知识营养。从阶段来看，对于内训师是帮助他们从讲师逐步成长为教练。在这个过程中，内训师除了要学习基本的授课技巧外，还要学习引导技术、教练技术等。未来内训师不仅是授课，还要协助解决组织内部的业务问题，成为该领域的专家、带头人。国药大学曾经给一些内训师培训引导技术，我发现这些业务领导可以很熟练地应用这些方法召开业务研讨会，总结业务发展经验，促使下属付诸行动。

“推向市场”是个蓄能工程

培养内训师的核心目的还是要服务于组织人才的培养，帮助解决业务问题。而我们发现，在很多企业，内训师培养出来后没保留课件，浪费了培训资源。而真正需要其讲课时，由于缺乏实际训练，其授课能力也可能不能胜任要求。如果把课程视为培训部门的产品，那就要为产品找销路。

1. 组织公开课是锻炼内训师的有效方式

定期开展公开课，不受场地和人数的限制，增加内训师的授课场次。优秀的课程会逐步被认可，同时在前期授课中可以得到更多反馈，有利于完善课程。

2. 将优秀课程纳入人才培养计划中

在国药大学时，我们的一个项目是财务经理训练营，所有课程都是内训师授课，他们将实战经验融入精彩的教学设计中，赢得来自一线的财务经理的高度认可。其他项目的专业课程也大都是由内部讲师授课，期间优秀老师脱颖而出。很多老师被各子公司邀请去讲课。子公司间的横向交流也间接促进了业务的发展。

3. 向组织外部输送课程

很多公司不允许内训师去外部讲课，主要是基于信息保密和员工管理方面的考虑。但是，有些文化、管理和模式类的通用课程可以对外交流。比如，华为本身就有培训业务，主要客户是电信运营商，现在流行“学华为”，各行各业的仰慕者都跑到华为去学习。华为的核心技术内容不会对外交流，但是企业文化、管理模式等会对学习者开放。淘宝大学也是主要面向网商提供培训服务，它们的老师大部分是优秀的网商。

这里的重点是要给内训师提供更大的舞台，“有课讲”才能不断成长，而“多讲课”就是帮助更多的人成长，促进组织学习型文化的打造。

内训师培养是开发学习资源、助推业务发展的重要路径，需要倾注较多时间和精力，以成就内训师。

表 12 内训师培养方案设计

维度	策略方向	你采取的举措
激发动机	赢得领导关注	
	营造组织氛围	
	赋能	
持续培养	打造精品课程	
	塑造优秀讲师	
推向市场	推广公开课	
	融入学习项目	
	对外交流	

第五章

点燃员工，打造学习型氛围

表 13　员工学习特征分析——不是所有学员都适合被培养

在《干法》一书中，稻盛和夫把员工分成三类。第一类叫自燃型，即自己划根火柴就能把自己烧着。自燃型的人，不用任何人管，他自己就会拼命干。第二类叫点燃型，即你给他做做工作、谈谈心，然后划根火柴烧他一下，就能烧着。第三类叫阻燃型。你拿火焰喷射器喷他，喷完还是原样，就像陶瓷做的一样。

我们也可以据此将学员分为自燃型、可燃型、不燃型三种，其中自燃型的员工内驱力强，对个人进步要求高，不需要激发就能投入学习中，他们本来在日常生活和工作中就喜欢学习，属于“不用扬鞭自奋蹄”型；可燃型的员工是需要激发的，他们内在也有学习的动力，但是并不强烈，更多的动力来自外部的激发，属于在有外部激发和驱动的情况下会投入学习的类型；不燃型的学员很难被激发，他们在工作中的激情严重不足，对于个人进步没有太多的诉求，甚至还会阻碍其他人的进步。

想想看，在贵公司，这三种类型的员工分别占多少比例？一般来说，应该是正态分布，自燃型和不燃型各占少部分比例，可燃型的比例相对较高。如果一个组织内自燃型的员工比例高，那这个组织就是一个内驱力很强的公司，进步速度也会很快，创新性也很强，一般是创业期或高速发展期的公司。

有很多朋友问："我们公司里不燃型的员工太多，怎么办？"其实从根本上来说，这不是培训能够解决的，它与公司的体制文化以及所处的发展阶段相关性很强。但是培训不能聚焦"点燃"这批员工，因为他们被"点燃"的难度太高。我们当然希望培训中有更多自燃型的学员，但是实际上我们更需要去"点燃"可燃型的学员。因为自燃型学员不太需要我们激发，可燃型的学员在组织中的比例高，被"点燃"的价值更大。所以，你需要知道不是所有员工都是被培养的对象。

识别目标学员

选择目标学员要考虑两个属性：组织属性和个体属性。组织属性指从组织战略和业务发展需要去挖掘目标学员，以支持组织的发展。首先从组织战略发展来看，要去盘点承接战略发展的主要岗位。比如，在国药大学时，曾经有几年时间公司通过大量收购的方式进行战略扩张，总部需要向新收购的子公司派驻财务总监。财务总监的综合素质，对于承接总部的战略要求非常关键。怎么解决快速扩张所带来的财务总监紧缺问题？一是通过外部招聘，二是通过内部培养。外部招聘的财务总监到公司后需要通过培训尽快融入公司，代表总部行使相应的职责，而内部培养则需要从现有的财务经理中进行选拔，然后重点培养。

从个体属性来看，我们往往会对那些业绩差的员工进行培养，认为培养他们业绩会增长得更快些。但是要判断其业绩差的原因，如果是意愿原因造成的，也就是属于不燃型员工，则对其进行培训只会浪费公司的资源，这时候他们需要的不是培训，而是上级的关注，或者采取相应的惩戒措施，或者调岗甚至开除。如果业绩差的原因是由于对某些技能掌握不到位，而自己有进步的动机，那就属于可燃型员工。这时候对他们的培养就是有价值的。组织中存在这样的一批员工：想要加薪升职，但是自己并不努力，抱怨公司不提拔他，将责任归咎于外部。对于这些员工的培训需要当心，因为他们并不一定会在培训中付出太多，原因是培训并不是老师讲得多么好就会有效，而是员工自己到工作中实践才会有效；既然他们在工作中不努力，那么参加培训后也不会带来很大的改变。

如何找到那些进步动机强的员工？一是需要上级配合选拔；二是通过测评、考试等手段进行选拔。其实业绩好的员工，往往也是属于驱动力强的员工，更需要对他们进行培养，培养的方向是如何让他们承担组织战略发展中更高的要求，努力成为组织发展的支柱。比如，前面提到的国药培养财务总监，我们曾在财务经理中选拔了一批业绩优秀者，对他们进行系统化培养，目前其中的大部分已经成为子公司的财务总监，这对组织发展起到非常重要的作用。

总结下来，培训的目标学员是战略需要、个人有驱动力、有培养价值。

研究目标学员

确定了目标学员后，我们要研究他们的驱动来源、知识基础、思维特征、沟通风格等，需要根据学员的各种特征确定你的教学策略。

研究驱动来源要判断学员是属于内驱型还是外驱型，自燃型学员往往属于内驱型。对于内驱型学员，要多给他们分享的机会，让他们成为老师，在培训的前、中、后要让他们成为“带领者”，也就是“托”。而可燃型学员有内驱力，但可能外驱力更强。对于外驱型学员，《认知设计》一书中提到，需要引导他们去发现工作中的痛点，认识到培训可以给他们带来的收益。如何识别学员属于内驱型还是外驱型，主要从前期访谈和交流过程中识别，如果学员在过程中热爱分享、表现出对培训的极大兴趣，那往往是内驱型；如果更多表现为需要外部收益的刺激，那往往是外驱型。

在知识基础方面，培训师要判断学员在这一领域的工作经验，以及有没有学习过类似的培训内容。如果学员学习过很多类似的课程内容，则在培训过程中应该结合学员的实际情况给予更多更深入的知识，同时带领学员做更多的知识整合工作，帮他们构建自己的知识体系。如果学员的知识基础比较薄弱，就需要在基础知识、基本流程和理念上进行更多的设计。尽管我们不赞成这样的组班，但是如果一个培训班里学员的知识基础确实差异很大，老师在授课时就要兼顾不同学员的知识基础差异。培训管理者也可以在培训前通过在线学习的方式给知识基础薄弱的学员“吃小灶”，给他们补充一些基础的知识，以缩小差距。在培训过程中，让知识基础好的学员做分享者、做老师，促进他们之间的经验交流。

思维特征和沟通风格，典型的分类方式比如视觉型、听觉型、感觉型。尽管现在也有一种说法是这种分类方式并不合理，因为所有人都会在学习中有这三种媒介的需求，但是这对于我们培训人的提示是在项目和课程设计过程中应照顾不同特征学员的思维和沟通习惯。还有一种分类方式是按照DISC进行分类，即支配型（D）、影响型（I）、稳定型（S）和分析型（C），也可以直接分为左脑型和右脑型。如果是对财务人员开展培训，显然分析型的学员偏多，那就要展示更多的数据、分析的逻辑等；如果是给中高管讲课，则支配型和影响型的学员可能会偏多，要给他们足够的发言机会。

需要注意的是，不同年龄段学员的行事风格和沟通风格也不一样。我们给“90后”学员上课，那需要有更多的网络词汇、有趣的设计，提供的方法工具也力求简洁高效而非长篇大论；反之，可能就要更加注重系统性、严谨性。

表13 员工学习特征分析

学员特征维度	具体描述	培训策略
组织属性（战略意义）		
培养价值		
驱动力来源		
知识基础		
思维及沟通风格		
年龄特征		

表 14 员工学习动机激发设计——激发学习动机，是人才培养的开始

动机，在心理学上一般被认为涉及行为的发端、方向、强度和持续性。动机为名词，在作为动词时则多称作“激励”。在组织行为学中，激励主要指激发人的动机的心理过程。通过激发和鼓励，使人们产生一种内在驱动力，朝着所期望的目标前进。在学习设计中，如果仅仅考虑如何提升员工的能力，那很可能是一厢情愿，最终并不一定能让培训的知识点学以致用。

《聪明教学 7 原理》一书认为，学生学习的动机与三个要素直接相关，分别是目标的主观价值、对效能的预期、学习的环境。学生在是否决定去做一件事情时，通常会从以下三个方面判断这件事情的主观价值：是否能够从完成任务或实现目标中获得满足感；是否是自己特别感兴趣的事情，愿意为此事废寝忘食、刻苦钻研；是否通过这项活动能帮助自己实现某一目标。如果这三个方面都符合，学员做此事的动机就会非常强。我们从学

习项目设计的整个过程中规划激发学习动机的方法，总结出激发学习动机的四条线路。

营销线：给学员一个来参训的理由

《魏斯曼演讲圣经》中提到，演讲中一个非常重要的法则——WIIFY（What's In It For You），即告诉听众：我讲的对你有什么好处。其实任何沟通都需要遵循这样的法则，培训也是同样的道理，给学员一个要学习的理由。营销从两个维度来推进，包括展示痛点和宣传收益这两种方式。

（1）展示学员工作中的痛点。比如，“销售罗盘”课程的第一页直接写明：

- 该做的都做了，客户不签单，我也没办法！
- 局面本来挺好的，突然跳出个陌生人！
- 关系搞得很瓷实，关键时刻却说不上话了！
- 精心发展的 Coach，竟跟我玩“无间道”！
- 十拿九稳煮熟的鸭子，怎么突然就飞了！

这样做的目的是直接与学员产生共鸣，尤其是对于那些外在动机较强的学员来说，更有强烈的代入感。

（2）通过告知学员的直接或间接收益，激发学员的参与动机。需要指出的是宣传收益有三个层次，如图 1 所示。

层次 1：工具方法，告知学员在培训中可以学习到的工具。比如，在项目中可以学习到思维导图、时间管理、撰写报告等方法工具，让学员感知到培训中的干货。

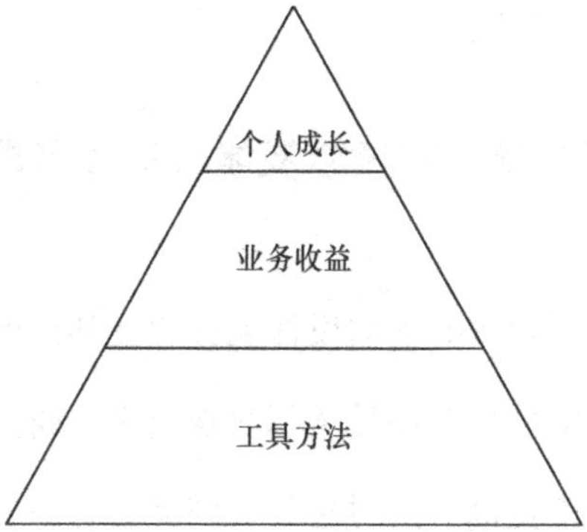

图 1　宣传收益的三个层次

层次 2：业务收益，直接告知学员参加这个培训能给其业务带来哪些帮助。比如，有效挖掘客户需求，提升拜访客户的成功率；提升团队的凝聚力和执行力，促进员工的快速成长。

层次 3：个人成长收益，这方面的收益是从激发学员的内在动机出发，从长期的个人职业成长角度予以激发。比如，“成为该领域的专家”“成为有影响力的培训师”“促进你遇到更加美好的自己”。

需要说明的是，营销需要持续，要贯穿培训的整个过程。具体来看，包括以下内容。

培训前：主要是通过海报、宣讲、领导讲话等方式宣传培训可以帮助学员解决的痛点和带来的收益，激发更多学员产生学习的兴趣。

培训中：寻找优秀的案例，找到培训中的标杆人物，对现场的学习场景和成果案例进行宣传，一是影响更多的人来学习，二是激发利益相关者的关注度。

培训后：收集优秀的转化成果，找到学习转化的标杆，宣传这些成果，让更多员工认识到学习给他们带来的好处，激发整个组织对于学习与发展的重视。

刺激线：持续激发学员的参与度

前文分析过，好玩刺激的活动设计也会激发学员的外在学习动机，尤其是对于年轻学员，他们更希望让培训有趣起来。研究结果也证明，人在放松的情况下学习效率更高。通过总结，刺激线有三种方式（具体在《培训进化论》中有提及）。

1. 对抗式

对抗式是培训经理和培训师常用的刺激度设计方式，包括如下内容。

（1）小组 PK

学员与学员 PK 或分小组 PK，都是促进学习效果的对抗设计，如图 2 所示。这种对抗方式在我的课程开发工作坊中经常使用。课程开发工作坊共分为五个步骤（定位目标、构建框架、开发内容、设计策略、形成课件），在三天的工作坊中，每个步骤结束后都会要求一个课题组派一名学员代表为大家展示，结束后每位学员可以选出自己认为最棒的四个课题（共 10 个课题）。这么做的好处是让每位上台展示的学员都能够积极准备，其他学员也可以积极献言献策。这种轮流上台展示的方式也可以帮助提升学员的展示技巧。

（2）分数排名

分数排名包括学员个人分数排名和小组分数排名。需要强调的是学员的分数不仅包括上课的表现，还包括其培训前和培训后的作业完成情况。比如，我现在为客户设计的内训师培训项目里，会建议对学员的全程表现进行打分，包括对课前作业完成情况、上课表现情况、后期课件完善进度、展示技巧等进行综合评定。分数达标后才能参加最后的内训师认证。因为在内训师培养过程中，意愿比能力重要，如何激发他们的意愿、持续提升他们的投入度，分数排名是一个非常好的方法。

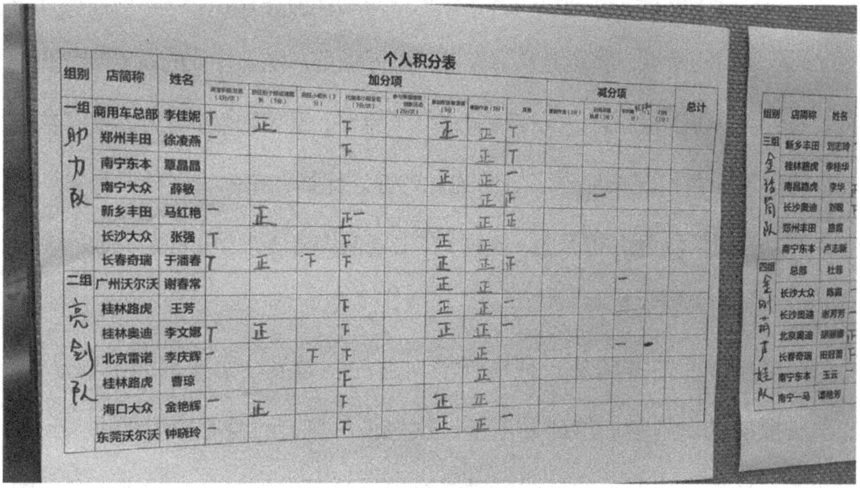

图 2　小组 PK

（3）业绩挑战赛

业绩挑战赛尤其适用于针对业务类员工的培训项目。这类项目中，培训的内容要与学员的工作任务紧密相关。在整个销售周期，每个小组可以设定自己的挑战目标，比如，半年内承诺指标提升 20%。需要强调的是，挑战的目标未必是培训直接带来的业务收益，但这个形式本身就可以激发他们的挑战欲望，促进目标的达成。

2. 实战式

实战式即给学员布置实战的工作任务，这些工作任务是基于学员在工作中的需求而设计的，以激发学员完成任务的兴趣。下面总结了六种当前常见的方式。

（1）课前作业

课前作业是将学习任务前置，触发思考的力量，目的是帮助学员提前进入学习状态，提升学员的参与感和主动性，让学员带着问题、带着思考走进课堂。培训经理或培训师为每次的课程量身定制课前作业，并将课前作业答题情况列入学员的考核，将思考从课堂前置到了课前。课前作业的设置既帮助学员聚焦培训内容，将原有的工作经验进行了梳理，又帮助培训老师掌握了参培人员的学习准备情况，提升了培训的针对性。比如，韦尔奇在任时每隔一周就会到克劳顿学院为中高管上一次课，在上课前均会要求学员提前完成作业。

（2）课前考试

安排培训前的考试是一种增强培训前的刺激度、紧张感的重要方式，让学员提前认识到参加培训并不是一次轻松的旅行，身心应提前进入到培训状态。另外，培训前的考试可以过滤掉部分不燃型学员，让进入名单的学员更加珍惜这次来之不易的学习机会。

（3）通关

通关适用于难度较大、实操性较强的培训内容。通关考试通常可以设置在培训课程结束后，目的是在培训后帮助学员巩固知识点。其操作方法是将知识点通过情境模拟等方式来考核学员的掌握程度。

（4）“魔鬼训练营”

“魔鬼训练营”最主要的特点是通过高强度、实战、高竞争性的活动设计，让学员处于高度紧张且兴奋的学习状态。“魔鬼训练营”要解决的问题一定是学员当前工作中碰到的最具挑战性的问题。学习项目设计前，通过对部门领导和部分学员访谈调研的方式挖掘培训需求，形成学习项目中涉及的知识点，并根据这些挑战设计一个完整的大型案例。学员每学习一个知识点就需要完成案例中的一项相对应的挑战任务，并进行小组间 PK。之所以叫“魔鬼训练营”，是因为学员很多时候是“白天上课，晚上完成作业，第二天 PK”，学习强度较高。

（5）行动学习课题

培训师给每组学员设定一个与他们的工作密切相关的行动学习课题，阶段性要求完成相应的目标，并进行评估打分排名。

3. 激励式

激励式的设计可以引发学员的成就动机、价值动机和挑战欲望。激励式分为正向激励和负向激励。其中，正向激励中的优秀学员、最积极发言奖、最佳案例等荣誉称号的方式已被大量培训经理使用。本节主要介绍几种比较实用的激励方式。

（1）积分奖励

积分奖励是指员工所有的学习动作都可以换算成积分，如创新建议、读书分享、贡献案例、课程开发、内部讲课、E-Learning 学习、微课学习等，根据难易程度进行一定比例的换算，既鼓励学员进行知识的贡献，又鼓励知识的学习，这样有利于整个学习型氛围的打造。学习积分的用途很多，如到公司的商店购买物品、食堂消费；在有些互联网公司，学习积分甚至可以兑换休假券，可以抽奖。当然，这对知识管理系统的要求非常高。

（2）阶段性淘汰

在学员的学习过程中，培训师根据学员的表现情况给予评估，设定相应的门槛。学员评估分低于该门槛的则淘汰出局，不能参加接下来的培训。

国药大学2014年显龙新任经理培训班就采用了这种方式。这个项目有三个阶段。我们将学员表现分为课堂表现和课后表现两个部分，尤其需要说明的是，课后表现更加重要，需要学员根据课上所学知识点确定回到工作岗位后的具体行动计划，并将行动的过程写成案例提交给课程讲师。课程讲师会给学员相应的评估分数。如果级别为D级，可以有一次补交机会；如果补交后还是D级，则不能参加接下来的培训。同时，如果课堂表现和课后表现的分数累加后低于某个分数要求，学员则不能参加后续的培训。

（3）与绩效和晋升挂钩

精心设计的学习项目，比如储备干部类培训或者新员工培训，学员在学习中的表现是可以和晋升挂钩的，因为培训也是一次对人才进行测评的过程。很多公司的储备干部的培训周期会很长，有半年的也有一年的，这其中有非常多的学习活动；如果学员最后评估不通过，则不予以晋升。

利益相关者线：No Sponsor，No Result

如前文的分析，利益相关者的关注和参与对于培训的重要性不言而喻，尤其体现在激发学习动机方面。最近我接触到一门课程，这门课程要求老师、学员的上级和学员在培训前、培训中、培训后要召开三次三方会议，制定学习目标和改进要求，持续跟踪培训的效果，激发学员的学习动机。如果每个培训项目都能进行这样的安排，那培训效果肯定会大大提升。利益相关者中，学员上级是最为重要的，对于激发学习动机和推动培训效果落地至关重要，具体包括如下内容。

培训前：学员上级与学员沟通培训目标和学习要求，希望学员在培训中有具体的改进点，并将学员负责的当前紧急的工作交给其他人，以保证学员全身心投入培训中。如果学员上级重视学员的学习，相信这也会激发学员的学习积极性。

培训中：如果是培训周期较长的项目，学员上级应该及时关注学员的学习进度，而学员也需要阶段性汇报学习成果，学员上级及时给出反馈建议。如果有可能的话，学员上级可以参与部分环节，一起做学员或者分享自己的优秀案例。试想，上级是老师或同学，那对于学员也是一种莫大的鼓励。

培训后：毋庸置疑，在培训后的落地方面，学员上级的作用极其重要。学习是在工作岗位上发生的，在工作中学员听令于上级，如果上级能够对培训落地予以重视，则很容易促进落地。学员培训结束后，上级与学员沟通落地的目标和落地的方式，阶段性评估落地的效果，给出正面反馈和鼓励。反馈对于学员的成长非常重要，尤其是来自上级及时准确的反馈，可以让学员认识到正确的工作方式和自己需要改进的地方，促进其进一步成长。

成果输出线：让学员在成果获取中获得自信和成就感

成果输出线在前面的几条线路中已经提及，在培训目标设定中很重要的一条原则是“成果导向”。这就要求所有学员及利益相关者对项目要实现的成果达成共识，清晰明确的共识目标本身会对学员有较大的激励作用，就像远处的灯塔，会牵引着学员前进。

第一步：设定目标

关于设定目标在前文已经分析过，不再赘述。这里要强调的是达成共识和感召学员。要想让利益相关者对这个有形的成果目标达成共识，培训师在前期要与多方进行沟通，让这个目标更有吸引力和有意义。

第二步：共启愿景

在项目启动时，培训师有必要对项目的预期成果进一步明确，甚至要求学员想象成果的样子，并画出这个成果，展示在培训教室中，让他们签上自己的名字。这就相当于让他们瞄准一个明确的目标，用形象化的方式展示这个目标带来的期待，用承诺的方式坚定他们实现目标的决心，这对于激发学习动机具有强大的愿景号召力。

第三步：展示阶段性成果

不同成果的实现周期是不一样的，比如，《新校区运营手册》的开发一定是一个较长的周期，这需要萃取专家经验、提炼方法工具流程、开发手册的具体内容、审核、试用、完善等环节。这本身既是一次培训学习项目，又是一次公司的流程梳理项目。培训师要将培训学习项目也进行阶段性划分，阶段性地对成果进行展示和评估，让学员在逐步实现目标的过程中建立自信。

第四步：验收评估

所有的成果要有验收和评估环节，更重要的是通过展示最终成果扩大项目的影响力。在国药大学时，我们有一个公众号和一份电子期刊，定期刊登优秀学员的成果案例，通过这种方式激发更多子公司的领导要求其下属来国药大学学习。所以，展示学习成果有助于唤起学员及其上级的成就感，激发更多的人参与学习的动机，打造组织的学习型氛围。

表 14　员工学习动机激发设计

学习阶段	激发动机方式	具体举措
培训前	营销：如何呈现痛点和收益	
	刺激：提前设计哪些方式让培训刺激好玩	
	利益相关者：如何引发学员上级的重视	
	成果：如何设定利益相关者想要的成果	
培训中	营销：如何找到标杆，宣传出去，引发关注	
	刺激：如何让过程好玩刺激	
	利益相关者：如何引发学员上级参与	
	成果：如何逐步促进学员得到想要的成果	
培训后	营销：如何找到标杆，挖掘优秀案例，宣传出去	
	刺激：如何用挑战性方式促进培训落地	
	利益相关者：如何促进学员上级督促学员改变	
	成果：如何找到优秀成果，宣传出去	

表15 学习项目的体验设计——为学员设计美妙的关键时刻

回想一下你曾经参加过的印象深刻的培训，你还能记住哪些环节和内容？相信你不会将所有的细节都回想起来，能够回想起来的就是一些关键时刻。

2002年诺贝尔经济学奖获得者、心理学家丹尼尔·卡恩曼（Daniel Kahneman）经过深入研究，发现人对体验的记忆深刻与否由两个因素决定：高峰（无论是正向的还是负向的）时与结束时的感觉，这就是“峰-终定律”（Peak-End Rule）。这条定律基于我们的潜意识来总结体验的特点：我们对一项事物体验之后，所能记住的就只是在峰与终时的感受，而在过程中感觉好与不好的时间长短，对记忆深刻与否几乎没有影响。高峰之后，终点出现得越迅速，这件事留给我们的印象越深刻。而这里的“峰”与“终”其实就是所谓的“关键时刻”（MOT，Moment of Truth），是服务界最具震憾力与影响力的管理概念与行为模式。

也就是说，如果在一段体验的高峰和终点，你的体验是愉悦的，那么你对整个体验的感受就是愉悦的，即使这次体验总的来看更多的是痛苦的感受。经济学假设人是理性的，“峰－终定律”说人是感性的，这为经济学打开了另一扇假设之窗。“峰－终定律”也为企业管理者打开了一扇新窗户，那就是重点管理员工的“峰－终”体验。比如，你参加了一个培训项目，博学多识的老师、有趣的教学活动、同学之间的交流给你留下了美妙的体验，那你对整个项目的感知可能就是好的。有的课程尽管已经结束了很久，但是里面的知识模型很可能还会给你留下深刻的印象。

到底如何设计培训的关键时刻呢？《聪明教学 7 原理》提到，教学目标有知识目标、社会目标和情感目标三种。另外，经过梳理我们发现培训环境也会影响学员的体验。所以，培训师可以在知识、社交、情感和环境四个维度设定关键时刻，如图 3 所示。

知识	社交	情感	环境
知识地图 沙盘 互动设计 考试 辩论赛等	团队建设 高管面对面 老师与学员间的交流	晚会 小游戏 生日会 仪式	海报 成果展示 音乐气氛

图 3　培训的关键时刻

知识的教学设计

知识的关键时刻是在某一些时刻给学员留下深刻的印象，可以采取的方式包括以下内容。

（1）设计完整的知识挂图，促进学员对整体内容的模块化；也可以要求学员自己完成知识挂图的制作，然后组织学员展示自己的成果，选出最能够帮助学员记忆的挂图，这也是制造关键时刻的重要方式。

（2）很多课程会采取沙盘的方式，比较经典的是企业运营沙盘，还有领导力沙盘、销售沙盘等。有些课程采取电脑软件模拟操作，然后小组之间PK，这种方法也给学员留下深刻的印象。

（3）互动设计。这属于体验式教学方式的范畴，简单的提问、小组讨论等方式可能不会给学员留下太多深刻的印象，但能够促使学员改变认知的教学设计可能会给学员留下很深的印象。

（4）考试、一站到底、辩论赛等。嬉戏族集团有限公司的“嬉戏活地图——员工素质提升学习项目”，培训师通过对员工和内训师代表模拟游客到园区现场完成员工岗位活地图知识与技能的追踪考核，强化员工知识技能的实际应用和解决问题的能力。同时，采取人机大战的方式完成一线运营岗位员工知识竞赛专项活动，以赛促练、赛训结合，以赛促培、专业成长，以赛促学、学以致用。

社交的关键时刻

在培训中认识更多的朋友成为学员参加培训的目标之一。正如我们知道的——分享也是一种有效的学习方式，所以在培训中要设计社交环节。

（1）团队建设类活动。拓展是很多培训项目中的必选环节，尤其是在新员工、新经理、新团队的培训项目中，拓展会给学员留下深刻印象。除此之外，在长周期的培训中培训师还可安排聚餐活动，在聚餐中也能促进学员间的交流，尤其是对于跨部门沟通有较好的促进作用。

（2）班级自管理。尤其是对于中高管，他们个人资源丰富，自我管理能力强，可以发挥自我连接的能力。对他们进行培训时可由班委和各组组长设计一些社交和学习活动，比如，在中集学院的高管训练营中，班级自管理做得很强大，他们会定期组织企业参观、小组分享等活动。

（3）高管面对面。促进公司管理层与员工面对面交流的活动，也可以成为培训中有意义的环节。在国药大学时，我们在一些重点的子公司高管培训项目中会设计这样的环节，在帮助学员解决问题的同时，也促进了公司总部和子公司之间的深入交流。

情感活动的细心设计

情感活动的目标是给学员创造好玩、刺激、舒心的体验。比如，在培训过程中设计游戏、生日会等；对于长周期的培训，也可以在培训即将结束时由学员自编自导自演一台有趣的晚会。

在一些重要的培训项目中，隆重的开班或结业仪式也会给学员留下深刻的印象。有些公司在开班仪式上会设计拜师礼、学员代表承诺等较为正式的活动，促进学员更重视本次培训；在结业仪式上，也会开展答谢礼、颁发毕业证书等活动。另外，精彩时刻的感人视频也会让现场温暖起来。

在培训后的落地过程中，学员小组可以自己组织相关活动，一是为了分享学习进度，二是促进学员之间情感上的深入交流。

学习环境的精心布置

温馨的环境、有设计的布置对学员的学习也很关键，包括张贴激发学员学习热情的海报，展示学员学习过程中产出的有形成果。

《脑科学与课堂》一书提到，声音和气味也会对学员的学习状态产生影响，比如在学员讨论问题时播放古典音乐，在教室里放一些香薰等。

建议培训师在整个项目的设计过程中要梳理整个项目的演进路径，在关键节点设定关键时刻。具体来看，建议在线下学习的过程中，每天都要设定至少一个关键时刻；在培训后的落地过程中，每周至少要设定一个关键时刻。

图 4 是某知名地产公司新员工培训项目的一张设计图，里面设计了多个提升感知的关键时刻。

提升职业素养	筑强岗位胜任	洞见业务全局	融入企业文化
•职场心态、礼仪、沟通； •职业生涯规划； •职场读书会； •职场戏剧节	•岗位标杆故事分享； •岗位发展方向分享； •新员工发展策略分享； •岗位课题分享	•主营业务分享； •产业发展研究成果分享； •城市发展研究成果分享； •产业新城沙盘； •职能部门分享； •业务发展论坛	•企业文化拓展与宣讲； •幸福酷跑、生日会； •红色文化薪火传； •爱心公益行动派； •足球比赛、啦啦操； •欢聚之夜晚

图 4　某知名地产公司新员工培训项目

表 15　学习项目的体验设计

关键时刻维度	思考维度	设计形式
知识	开班前： 过程中： 培训后：	
社交	学员间： 学员上级与学员间： 老师与学员：	
情感	趣味： 竞争： 关怀：	
环境	环境布置： 声音： 气味：	

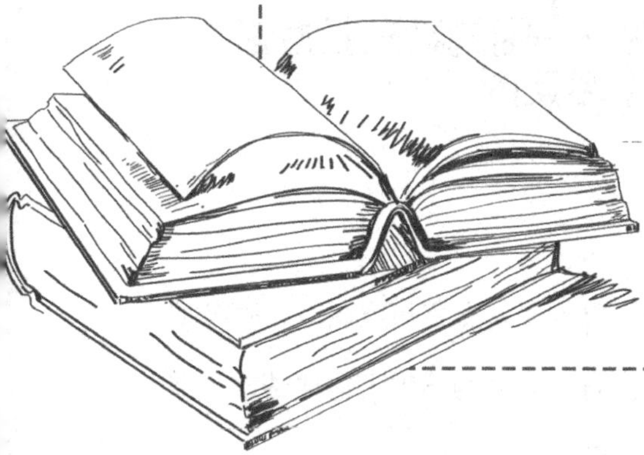

第六章
学以致用，推动员工改变

表 16　促动培训效果落地——围绕着三股力量打造落地型学习氛围

培训的最大痛点是什么？有“笑果”没效果，有雷声没雨点，有激动没行动！落地越来越挑战每一个培训人。有些人认为培训不需要落地。那么培训是否要落地？首先我们得回答两个问题。

1．什么是培训落地？

关于“落地”的说法有很多，有一种说法是培训要解决问题。对于这个观点，我们要拆解来看：首先看培训是否要解决问题，然后看培训需要解决什么问题。

大家一直在说，培训要以学员为中心。到底以学员的什么为中心？其实是以学员的需求为中心。那么，学员的需求又是什么？在组织内，培训需求应该基于企业当前和未来的业务发展需要，对员工能力（知识技能）的要求与其当前能力现状之间的差距进行弥补。所以，培训未必能够解决所有业务问题，因为业务问题的产生有多个原因。而这其中的技能问题，一定是需要培训来解决的。所以，培训的落地不是一定要解决业务问题，而是通过解决员工的技能问题在一定程度上支持解决业务问题。比如，员工在挖掘客户需求方面有问题，那就要通过培训来让学员掌握这项技能，这就是落地的要求；至于掌握了这项技能后销售指标能否提升，这个不是培训可以实现的。从极端来看，如果产品本来就没有市场需求，员工掌握再多的销售技能也无济于事。

现在流行的行动学习等，其实已突破我们所说的单纯培训范畴了。如果利益相关者足够重视和投入，通过行动学习和复盘等方式可以直接解决很多业务问题。这样的项目不仅是传统意义上的单纯培训项目，更准确的定义是“学习项目”或者是“业务问题解决项目”。

2. 如何衡量培训是否落地？

《高效能人士的七个习惯》中有一个非常重要的习惯——以终为始。培训同样要以终为始，所以落地的衡量标准就是培训的目标。培训项目还可以分为项目的目标和培训课程的目标，为什么要界定得这么清晰？因为不同阶段的负责人不同，需要付出的努力也不同，如果混淆培训课程的目标和培训项目的目标两个概念，那就会在落地这件事上分不清。简单来看，培训项目有培训前、培训中、培训后；培训前就要基于项目需求和利益相关者的期望制定培训目标，这包括上课要解决哪些问题，实现什么目标，课后要如何推动，解决什么问题。

具体学习目标的设定方法在第五章已经讲过，这里不再赘述。我们认为培训效果是推动而来的，而推动这种改变的力量有三种，如图 1 所示。

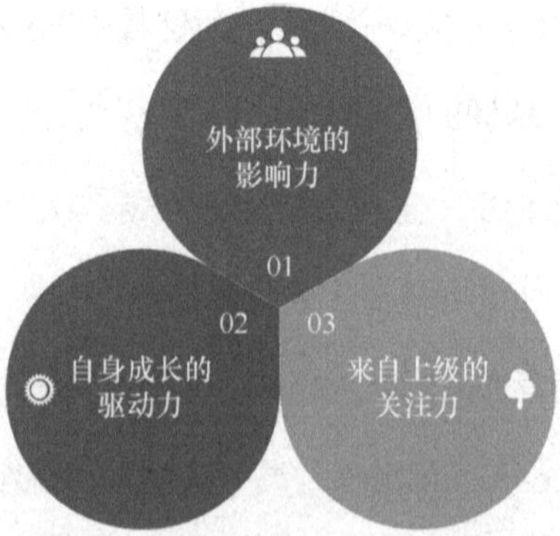

图 1　推动培训效果改变的力量

外部环境的影响力

为什么把外部环境的影响力放在首位？因为外部环境对一个人的影响力不容小觑，比如，一个国家的社会环境尤其是社会文化对于全体公民的素养和发展有很大的影响力；在组织内部，组织环境对员工的成长和发展也非常重要。具体来看，影响员工在培训后能否改变的外部环境包括企业文化、制度规范、社群氛围等。

企业文化：企业崇尚公平竞争、积极向上的文化，并能够在企业运营中得以体现，这在无形中对员工个人成长起到重要的助推作用。试想，在一个企业中，自己的努力可以转化为业绩，而业绩又代表着升职或薪酬方面的回报，同样对工作有帮助的学习内容就有利于转化。而在一个人浮于事、机构臃肿、发展缓慢的企业中，员工的努力并不能转化成回报，这就不利于培训的落地。

制度规范：在平衡计分卡中有一个维度是学习和成长，很多企业会将学习与成长作为绩效考核的一个重要维度，包括全球化公司 IBM、国内企业用友等。这就从制度上保证了员工对于培训的重视。而这个维度也说明仅仅培训还不够，更多的是员工甚至是整个企业的成长。对于人力资源部门的考核也不应该仅仅将培训时长、覆盖人数、培训满意度等作为考核指标，而应该将培训后落地的成果作为考核指标。同样，学员能否结业也要以培训后的落地成果作为考核标准进行评判，比如培训后的行动学习报告、业务问题改进情况、能力测评等。

社群氛围：千万别无视社群的力量，和什么人在一起对于个人成长非常重要。因为人与人之间有一股神奇的力量，也就是团体动力。在一个团队中，如果有几个“学霸”级的人，那会带动其他员工前行。例如《摔跤吧！爸爸》中两个姐妹以及叔叔家的哥哥就形成了一个训练团队，他们之间的互相陪伴和影响非常重要。DISC 课程提到学员要通过找同伴、互相督促来帮助培训后落地。而在微信群中如果定期有人分享自己的落地成果，也会带动其他学员的改变。

可以看出，在以上三个要素中，培训人只能影响企业文化和制度规范，想要靠一己之力去改变组织是很难的。而社群氛围是我们可以打造的，要为学员的成长打造一个良性互动的群体，大家共同进步。

自身成长的驱动力

面对再恶劣的外部环境，也有坚强成长起来的“学霸”。成为“学霸”的主要因素就是内驱力强，所以我们能够看到同时进公司的两个大学生，三年后一个升迁一个原地踏步。原因是什么？主要原因就是内在驱动力所带来的个人成长速度的差异。正所谓外因要通过内因才能发挥作用，组织提供的一切成长机会都需要员工自我驱动才能转化为行动。

那么驱动力的来源包括哪些维度？《驱动力》一书给出的答案是：自主、精通和目的。自主是指自己有选择权，有充分的自由；精通就是能够成为一个领域的专家，成为更好的自己；目的更像是自己工作的意义感、价值感。我们进一步阐述一下，内驱力可能来自三个维度：愿景、使命和价值观。

愿景：想要一个什么样的未来？想要实现什么样的人生价值？要为其他人带来什么样的价值？就像是《摔跤吧！爸爸》中，爸爸的梦想是为国家夺得世界冠军，而后来训练女儿的最终意义在于代表所有女性朋友证明女人的价值，获得人生自由。而正是这伟大的梦想驱动着他们克服重重困难，不断刻意练习，最终成为世界冠军。

使命：想成为一个什么样的人？什么是自己的动力来源？什么是你醒来后就想要去做的事？同时，自己希望别人把自己看成一个什么样的人，自己想成为哪方面的专家？如果一个人背负伟大的使命，而学习的内容又能够支撑他去完成，那他就会有强大的动力去实践和落地。我有个同学在研究环保节能技术，他说他的追求就是成为环保领域的专家；也正是这样的驱动力驱使他一直在这个领域钻研。

价值观：什么是重要的事？为什么这么重要？在一次训练期间，学员在价值观层面探讨了很多，发现我们做事的原动力会直接链接到价值观。比如，好多同学会提到一个价值观：成长。这很容易理解，好多同学是自费来学习，还需要花掉近 20 天的时间，背后是什么在支撑他们？就是成长，想要谋求改变的力量。因此，大家在培训后都会力求去实践、去转化。有的学员在三个月内练习了 100 多个小时，这是一股多么强大的力量。

那么，作为培训人如何才能激发学员的驱动力呢？我们在学习项目中激发学员外在动机的方法比较多，比如奖惩制度、积分制度、通关机制等。这些在短时间内是有效的，长期来看，作为组织里的培训负责人或者领导者要充分激发员工深层次的驱动力。我相信每个人都希望遇到更加美好的自己，内心深处都有一个梦想；尤其是在这个迅速变化的时代，不断改变自己、提升自己的能力是非常必要的。

世界著名管理咨询大师拉姆 · 查兰在一次演讲中说："我非常期许每一个人在这个变化的时代能够记住对自己的要求。既然外部的变化速度如此之快，我们每一个人能不能有快速自我更新的能力？我希望每个人至少每 3 ~ 4 年都能够倍增自身的能力，无论是我们的理念、思维还是能力，都能够实现翻一番。"

来自上级的关注力

CEB 在 2016 年关于全球最佳企业培训发展趋势的报告中指出，学员的主管将在促使学员应用新技能方面承担更多的责任。柯氏四级评估模型表明，监督、强化、鼓励的主体也应该是学员的直接上级。员工离开培训课堂后，就要回到正常的工作中，而所学的知识技能也需要在实践中进行练习，只有这样，学习才能带来改变。试想，如果你学了一个有用的工具，回到工作中很想试着练习，老板突然说："为什么用这样复杂的方法？用原来的方法不是很好吗？"你还会坚持练习吗？相反，如果你刚结束了一个销售技巧的课程，回到岗位上后，刚想去拜访客户，老板说："你不是刚刚上了一堂销售技巧的课程吗？有什么新的方法，这次就用用看。"你怎么办？即使没有学到位，是不是也得赶快复习一下？

基于前文的分析，上级的关注度主要体现在以下两个方面。

明确落地目标：每次培训前学员的上级都需要和下属沟通学习目标及后期落地要求；如果上级不主动沟通，作为培训负责人应要求学员与其上级进行沟通。以终为始是一次培训成功的重要基础。在培训结束后，学员有必要将学习到的内容与上级再次进行沟通，这在职场素养中称为"闭环"。落地目标一定是符合 SMART 要求的，包括在什么时间内针对什么样的技能点进行多少频次的练习，以达到什么样的水平。记住，这里的刻意练习的内容一定是一个个小的技能点。如培训后练习"拜访客户的技能"，这个目标显然不符合 SMART 要求，同时技能点太过模糊，无法刻意练习。假如学员在一周时间内刻意练习拜访技巧 15 次，使得拜访的成功率达到 40% 以上，这样的设计就符合 SMART 原则了。所以，培训负责人有必要就后期刻意练习目标的设计方式与学员及其上级进行沟通。

过程监督反馈：学员在练习过程中还需要强有力的跟踪，因为改变的过程中会遇到各种阻力，包括旧习惯的惯性、改变过程中的受挫感等。如果上级能够在背后给予强劲的推力，就能帮助学员抵抗这些阻力。当然，跟踪的目标不仅是盯着下属，更主要的是给予及时反馈，有必要的话给予相应的辅导。下属做得好的地方，上级要及时肯定，甚至在团队中进行推广；

有待完善的地方，要及时指出并予以辅导。有的培训负责人甚至会制作表格给学员的上级，这样更方便上级评估。

综合以上三股“势力”，作为培训组织者，短期来看可以影响学员改变的因素包括打造社群氛围、激发学员的外在动机、赢得学员上级的支持；长期来看，需要打造学习型文化、激发学员的内在动机，如表 16 所示。

表 16　促动培训效果落地的三维设计

维度	内容	评估和改进（你能做什么？）
外部环境的影响力	竞争性企业文化	
	要求改变的制度规范	
	陪伴成长的社群氛围	
自身成长的驱动力	员工内在动机	
	员工外在动机	
来自上级的关注力	上级参与项目	
	上级关注落地	
	给予跟踪反馈	

表17　推动员工改变的五步设计——用这五个步骤推动员工发生改变

培训人不仅需要研究学习内容，更要研究学习形式；不仅要关注课上的效果，更要关注课后转化的效果。

《刻意练习》一书提到，刻意练习要解决以下问题。

（1）一定要有明确的、特定的小目标。“每天都练琴”，这不是目标；“连续三次不犯任何错误，以适当的速度弹奏完一支曲子”是清晰的目标。“每周末打一次高尔夫球”，这不是目标；“将差点降至五杆”是清晰的目标。这个目标是走出舒适区努力一点点就可以实现的目标，是“小甜点”。

（2）一定要专注。专注和聚焦一个技能，心无旁骛，在心理学上是创造心流的过程。

（3）最好能有一位好的导师、教练。导师和教练可以提供非常有效的方法论。当然，及时反馈对于刻意练习是非常必要的。

（4）一定要获得反馈。这个反馈有修正意见，但更重要的是鼓励。鼓励必不可少，也是一种动力。

（5）要保持动机。着手做并不难，难的是长时间坚持。笔者认为要么强化继续前行的理由，要么弱化停下脚步的理由，这里面也提到加入社群很有帮助。

《瞬变》一书提到了改变的三个维度，包括：指挥骑象人、激励大象、营造环境。其中，指挥骑象人（理性思维）包括找到亮点、制定关键举措和指明目标三个举措；激励大象（感性思维）包括找到感觉、缩小改变幅度和影响他人三个举措；营造路径（环境力量）包括调整环境、培养习惯和召集同伴三个举措。

综合以上理论和模型，笔者认为，企业在培训项目中要设计培训后转化环节，主要关注以下五个要素：练习目标、练习举措、监督反馈、激发动机、社群氛围，如图 2 所示。

图 2　培训后转化环节设计

设定练习目标

1. 找到需要提升的技能点（注意是“点”）

职场的复杂程度要高于一般的体育技能训练，完成一项工作需要的技能相对多元和复杂。比如，一个销售人员，其需要的能力素养包括沟通、谈判、维系关系、成就动机、坚韧等多个维度。如果我们在调研中，有人说销售人员需要提升销售技能，那相当于没有提供任何有价值的信息；如果一个员工需要提升沟通能力，那这个需求就是一个伪需求。这样的技能点颗粒度太大，如果以此作为刻意练习的目标，显然会让学员无从下手。

最近我们在给一家大型培训机构的顾问培训“学习项目设计”这个课程后，经过综合评估，认为销售顾问最需要提升的一个技能点是提问能力，那这个点的颗粒度就足够小，而且也是可以持续刻意练习的。

界定练习点的方法有三条标准。

（1）练习点是一个动作，而不是多个动作的集合，如聆听、提问、表扬、手势、总结……这些动作是工作或生活中的具体行为。

（2）情境相对单一，人们可以具体想象。如在拜访客户时，通过提问的方式深入挖掘客户需求，这样的描述就很具体；如果说是销售沟通，那么人们能够想到的情境就会很多，而最重要的是这样模糊的情境很难去评估练习的质量。

（3）该技能点比较重要且使用频次高，在一个时间段内尽量刻意练习一个技能点。

2. 设定提升的目标

在刻意练习中，以终为始非常重要。“走出舒适区一点点，走进学习区”，这个目标是需要不断叠加的，且需符合 SMART（Specific、Measurable、Attainable、Relevant、Time-bound）原则。比如，做俯卧撑，目标可以设定为单次所做个数每个月增加 10 个。

那么如何设定这个目标？有些学习项目中有测评这个环节，基于测评的分数由学员和其上级共同设定提升目标是一个比较有效的方式。如果有些能力项没有合理的测评方式，那也要由上下级共同制定一个双方都可以接受且相对比较合理的评估方式。比如，采取专家打分或者团队同事打分法，然后根据当前分数设定每个阶段刻意练习的目标。比如，围绕中层管理者采取 360° 反馈的方式，对上级激励下属的能力进行评估，根据评估的分数设定接下来刻意练习的目标。

3. 设定练习情境和频次

《哈佛商业评论》杂志中有这样一个案例。

……经过评估，汤姆需要提升表达能力。他也发现跟同事面对面交流时联系更紧密，一方面他的注意力会集中在眼前的人身上，不会分心看黑莓手机；另一方面他能实实在在地听到对方的声调，观察肢体语言。结果，他能从中得到更多的信息，同事们也觉得他更听得进意见。

在关注沟通方式的同时，汤姆也开始注意谈话内容。同事建议他记录自己的命令的次数、问问题的次数。汤姆还记下批评的次数（建设性的批评和指责性的批评分别记录）以及鼓励的次数。谈话时增加提问和鼓励，效果立刻彰显：团队成员开始迅速理解他的意思，他也不用多次重复同样的话。好几个团队成员还明确感谢他。

像汤姆一样，你也可以在30～60天内看到自己切实的改进；如果没看到，说明你采取的行动没有效果。不过，补充行为通过练习才能逐步提高，汤姆的进步就比较有代表性：15个月后，汤姆做了另一次360°评估，发现在鼓励他人后已经有超过82%的参与者。

刻意练习的情境非常关键，人的行为改变往往是在具体情境下的改变，学习的发生也是在具体的使用情境中。所以，职场中脱离情境的刻意练习是没有太大意义的。如前文所说的培训机构的销售顾问刻意练习提问能力，主要情境就是在拜访客户中或是与客户电话沟通时，目标是深入挖掘客户的培训需求。

有了这两个情境，销售顾问就可以设定刻意练习的频次了。比如，在每次拜访客户时都要练习提问能力。

- 在初次拜访时，要问三个问题：业务现状、业务痛点、培训目标。
- 在提交方案时，要问三个问题：项目预算、利益相关者、项目建议。

…………

如果是管理者提升提问能力，情境会完全不同，可能会是在召开业务会议时，向下属反馈绩效时，辅导下属时……

我们看到，提问能力又在不同情境下被详细地拆分，也就是把老师上课的内容进行了情境化的应用，制定了行动举措。在学习项目中，我们需要帮助学员实现从知到行的跨越，而情境和频次的制定，需要有组织者引导学员自己来完成，并且要得到上级的认可和支持。

采取练习举措

在表 6 的分析中，我们把知识点分成了良构（有标准解决方案）和劣构（无标准解决方案）。对于良构问题，更多的可以通过实操和训练固化所学；而对于劣构问题，则需要大量的行动、复盘和优化实践，并形成实践手册。具体内容如图 3 所示。

知识类别	复习方法	演练方法	实操方法
良构问题	团队分享 主题沙龙	例会演练	在岗训练
劣构问题	团队分享 收集案例	例会演练	行动学习 复盘

图 3　练习举措的设定

良构问题和劣构问题的重要差异在于劣构问题需要解决形成标准的方法论问题，所以一定要在行动中学习，通过复盘不断优化举措，逐步形成标准的方法论。

1. 团队分享，复习知识点并扩散

如果培训后三天内学员没有任何复习行为，那这次的培训就相当于没有组织。在国药大学的很多项目里，我们首先要求学员回去将所学知识点在团队内部进行分享。教是最好的学，所以，让学员在团队内分享可以促使

其将所学知识转化为自己的语言，在分享中进一步消化知识。这样能够帮助学员复习知识，同时在内部研讨后形成在团队落地的方案。知识分享也可以促进团队内部共同学习，形成共同语言，促进学习型氛围的打造。要让每一个参训的学员变成知识的种子撒播出去。

2. 主题沙龙，让影响更扩散

主题沙龙聚焦具体的问题点，由培训经理或学员自己组织，召集更多的同事在内部就具体的知识点互相分享经验，帮助学员复习知识，同时也可以让知识点在内部落地方面得到更多人的支持。

威高集团在学习了“情境领导”课程后，培训经理要求学员回到工作岗位后复习课程的知识点，并应用到辅导下属中，总结在应用该课程中遇到的问题和困难，然后召开主题沙龙，共同研讨解决方案，效果很好。

3. 例会演练，实操技能的试验场

该方法需要实操的技能。比如，销售技巧、沟通技巧等需要大量的演练，才能改变行为。学员在工作例会上进行演练。例会即工作总结和解决问题的会议，也是互相学习的会议。每次例会专门设置一定的时间共同演练一项技能，是一种有效的落地方法。因为所有同事在场，所以大家可以互相给予反馈，加快能力的提升。

4. 在岗训练，让培训真正落地

前文曾专门论述，知识点要基于学员的工作情境，学员学了这些知识点后要能应用于工作情境。第一章曾引用 DDI 的研究数据，其中提到缺乏

应用的机会是培训落地的障碍之一。

为了实践，班主任要和学员约定刻意实践的次数。“21天效应”指出，一个人的动作或想法如果重复21天，就会变成一种习惯性的动作或想法。我们的日常生活中也有这样的经历：为了改变某个行为，需要刻意去改，同时要持续刻意地应用新的行为。

比如，在国药大学学员学习了“结构化思维”课程后，培训师要求学员回去后进行月度总结时必须用结构化思维的知识点撰写，在开例会时也要刻意用金字塔原理来展开发言；“绩效管理”课程结束后，要求学员必须每个月按照所学知识分解本部门的绩效指标；“复盘”课程结束后，要求学员在月度例会上用复盘方法复盘团队一个月的工作……这些训练要求学员必须将成果提交给培训师。

5. 行动学习，要真正行动起来

前文讲过，劣构问题的解决更多是需要行动学习。所以，在学习项目中学员要真正实现行动学习，需要做到以下几点。

（1）选题要精准，颗粒度不要太大，尽量与业务密切相关。比如，如何解决产销联动问题、如何提升销售回款速度，这样的命题就非常好，既与业务紧密相关，同时解决起来也不是非常困难。

（2）行动举措要科学合理。比如，长久汽车在“金色讲台”内训师课程开发项目中（课程开发本身就是一次行动学习），将学员在课程开发工作坊结束后的课件完善工作细化到周，以周为单位收取学员的作业。

（3）成果要对组织有价值且容易评估。前文提到，现在很多组织将行动学习作为学习项目中重要的学习形式，但是更多时候就是“头脑风暴”出一堆的举措，然后写一篇报告。如果仅仅停留在报告阶段而缺乏后续的行动，就称不上行动学习。

（4）要有复盘动作。行动学习中所采取的举措未必完全有效，所以要阶段性地进行复盘工作。通过复盘找到项目的亮点和不足之处，然后进一步迭代优化。

有人监督反馈

在职场中，为每个学员配备长期的导师（教练）的方法不是特别可行。最好的教练应该是学员的上级，在前文中我们也分析过学员的上级是推动学员学习转化的重要力量，但是需要在培训前就与学员上级达成共识。

1. 学员上级要和学员就培训后落地的目标达成共识，并提供落地的环境

在前文中我们建议给学员培训后落地设定练习的目标，这个目标需要学员与上级进行沟通，双方达成共识。有很多落地的举措需要学员的上级给予支持，包括团队内分享、例会演练等模式。学员的上级要给予支持，并鼓励这些举措落地，这会带动团队学习型氛围的打造。

2. 根据培训组织者提供的评估表，阶段性地对下属进行评估

在前面关于学习目标设定的章节中，专门介绍了学员上级评估表的设

计方法。学员上级评估表可以起到三方面的作用：一是学员上级可以清晰地了解下属学习的内容，双方可以据此制定落地目标；二是学员上级可以根据此评估对下属进行跟进和评估，而下属也能知道自己的练习方向；三是学员上级可以据此对下属提出反馈建议。

需要说明的是，学员上级的评估周期不宜过长或过短。过长会使得落地变成走过场，过短会给学员造成压力。

3. 给予及时的反馈，包括正向反馈和改进建议

正向反馈表现为对学员给予表扬，在团队内部树立标杆，以起到模范作用。对于认为在工作中还需要加强的地方，培训师需提出清晰的指导建议，避免给予的建议太过模糊。如加强客户拜访，就不如说“在拜访客户时要用开放性的问题来挖掘客户的深层次需求”。

图 4 是如何促动学员改变的一张流程图，该项目设计了培训后 4 天的随访辅导和 15 天的行为固化环节，以促进学以致用，如图 4 所示。

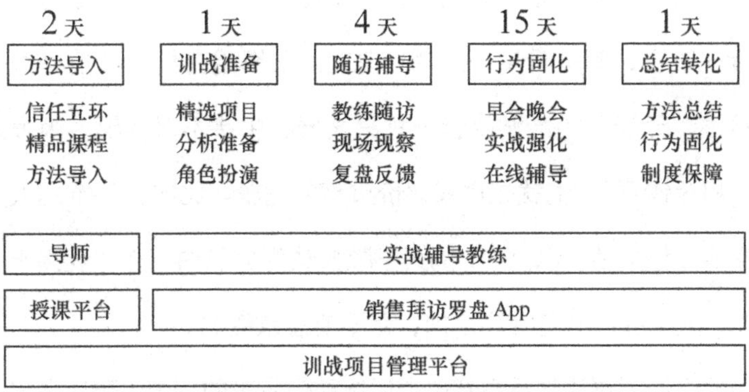

图 4　蝶变 Y23——23 天拜访训战销售效能提升项目

持续激发动机

学习转化并不是一件容易的事，对于学员来说，他们需要保持持续的动力。学员上级的关注、鼓励和反馈对于激发学员的动机非常重要。除此之外，培训的组织者也要持续关注和激发学员的动机，可以采取的措施包括勾勒远景、树立标杆、宣传成效。

塔基特超市在 1992 年的市值只有 30 亿美元，15 年后市值高达 630 亿美元，被誉为零售业的“苹果公司”。这其中就有成衣部经理萝宾 · 沃特斯的贡献。沃特斯发现塔基特公司的采购经理只采购黑白灰的保守成衣，拒绝采购色彩鲜亮的时尚服装。于是，沃特斯买了大量彩色的巧克力豆，在办公室里“哗啦哗啦”地倒进玻璃碗里。所有的人都发出“哇”的叫声。沃特斯说：“看到了吗，你们对色彩多敏感？”没有指挥权的沃特斯就这样影响了采购经理，塔基特的采购行为发生了变化。

为什么用糖果更容易说服人们去行动呢？因为人们的思维习惯不是分析—思考—改变，而是看见—感觉—改变。试图用分析论证的办法来消除惰性和冷漠，无异于扔给溺水者一只灭火器，牛头不对马嘴。因为人们通常都有“积极错觉”，也就是自我评价过高的问题。比如，25% 的人认为自己的社交能力位居前 1%，94% 的大学教授认为自己的工作表现高于平均水平。所以，人们在没有感受到之前，是不愿意改变的。

培训的组织者要让学员看到改变后给他们带来的好处，可以在培训结束时，引导学员共同畅想在岗实践这些方法后会给他们的工作带来哪些帮助，也可以用往期学员的真实案例来示范。树立标杆是让学员看到好处的一种举措，培训师在学员中找到后期转化的优秀标杆，挖掘后期转化给他们带来的收益点，在组织内进行宣传推广。培训师在给予这些优秀标杆正向肯定的同时，也让更多员工看到学习带来的好处。在国药大学时，我们定期宣传优秀的个人成长案例，激发更多人参与到学习中来。当时有一个内训师成长得很快，从销售代表逐步被提拔为销售总监，我们写了一篇文章《给我一个销售代表，还你一个销售总监》，点击量很高，激发了更多人参与该项目的动机。

营造社群氛围

2018 年高考，湖南师范大学附属中学有一个宿舍的六位男生全部考取了清华或北大。在采访时，他们说："班级提供的是在班上学习的氛围，放学回寝室之后就是寝室的氛围了。"因此，他们倡议共同制订"寝室公约"，并自觉严格遵守。这份签有六个名字的寝室公约写道："22:40 下晚自习后的半个小时，可以做个人内务、聊天、吃零食，亦可把当天学习过程中遇到的问题拿出来一起讨论；23:10 之后，必须保持安静，认真自习，纪律要求和班上的晚自习一样严格；0:00 熄灭寝室的大灯，保证寝室成员的睡眠时间。"

培训管理者要成为社群运营的高手，鼓励大家分享自己的最佳实践，让更多伙伴看到别人已经在改变。可以设定每天的分享值日生，或者设计每日社群打卡任务，以及学员后期落地竞赛活动，定期公布成绩排名。图 5 为中集集团新经理训练营中的具体项目设计。在为期 90 天的学习成长之旅中，中集集团设计了 60 天社群学习，采用每周闯关与答疑、微课学习的方法，强化学员的课后学习，加强学员的交流，最终促进工作情景的应用。学习小组会将晚间作业环节一直持续到面授结束之后的60天学习当中。学习小组内部选定一个本组的管理难题，利用60天时间解决，促进学员在岗实践和经验沉淀。

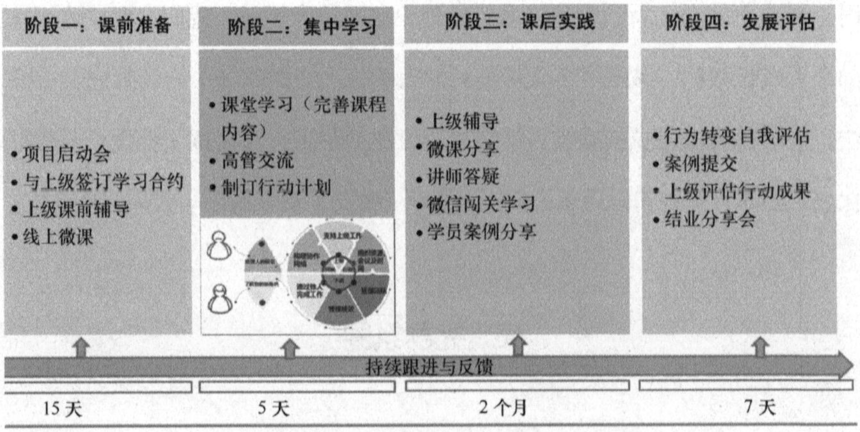

图5　项目设计：新经理的90天成长之旅

总之，学习转化是培训中最重要也是最具挑战性的工作，需要系统规划，培训师在前期设计时就要将此考虑进来。结合以上所述，读者可参考表17。

表17　促动员工改变的五步设计法

学习阶段	练习的技能点与目标	练习举措与频次	监督者与反馈方式	激发动机举措	营造社群氛围
第一阶段					
第二阶段					
第三阶段					
……					

表 18　学习项目评估——四个角度评估人才培养的效果

在培训评估的方法论中，最经典的莫过于柯氏四级评估（表 5 的分析中有提及）。笔者认为柯氏四级评估中反应层和学习层的评估更多是基于培训课堂效果的评估，而行为层和结果层是对后期学员学以致用效果的评估。其实评估的目的不是为了下结论，也不是为了仅仅论证培训的效果，更重要的是为了找到价值点和优化点，以期对项目进行优化，这对其他项目有借鉴价值。

本章希望对学习项目的评估提出有效的方法。首先我们需要声明的是评估的前提条件是在学习项目设计阶段就有明确的评估目标，基于目标才能有效评估。这在表 5 的分析中已经介绍过。

结合柯氏四级评估和项目经验，我们总结行动包括感知层、反馈层、成果层和效果层（如图 6 所示），假设条件是：

（1）学员良好的学习感知在有效的跟进措施下会带动学员行动；

（2）行为的改变需要通过学员同事的反馈或测评进行评估；

（3）行动过程中会产生有形成果，这对于项目的成功也非常必要；

（4）进一步看，行动的最终结果是基于前期的业务需求得到我们想要的结果，实现前期设定的学习目标。

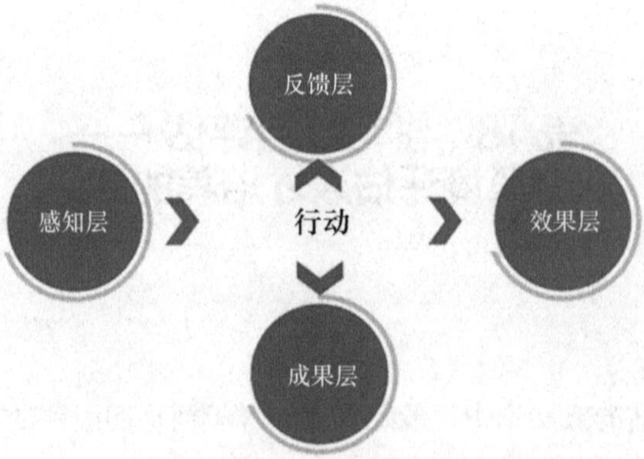

图6　柯氏四级评估和项目经验

感知层：学员对于培训和整个项目感知的评价

在前文提过，学员来参加培训不仅仅是要获得知识、解决问题，他们也希望在整个项目中感受美妙的体验，而这种体验也会提升他们对知识学习的效率。柯氏四级评估中的反应层指在课堂上学员的满意度，我们提出感知层是学员从接到报名通知开始到整个学习项目结束（结业典礼）整个过程的感知。这包括课程和老师的满意度、教务组织的满意度，学员学习过程中的舒适度、学习趣味性、与他人交流等维度，如图7所示。

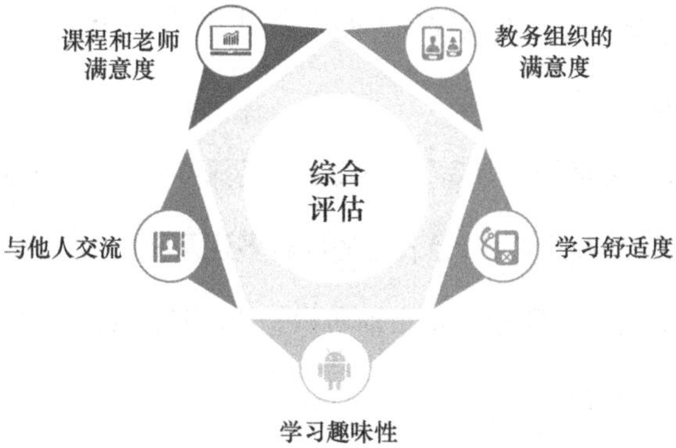

图 7　项目整个感知层综合评估内容

建议该评估可以在每阶段培训结束和整个项目结束时均做一次，经过这些维度的评估，培训师可以找到项目实施过程中的亮点和优化点。

反馈层：学员上下级反馈

柯氏四级评估的第三级评估是行为层的评估。但是如何去评估学员在行为层的改变，我们无法在技术上采用全程摄像的方式对员工的每一个行为逐一评价来判断其行为是否发生了改变。

谁最有资格来评价他们行为的改变？是他们身边的同事，尤其是其上级。如果学员本身就是管理者，那我们还要邀请他们的下属进行评价。有些学习项目采取的测评方式，其精确度取决于问题的设计是否在行为层面容易观察。在前文我们提出，对于学员后期行为改变的评价，其维度一定是基于学习项目中具体的知识点来设计学员在工作中的对应行为。比如，在领导力项目中，学员学习了提问和聆听的技巧，培训师就可以设计具体的行为评价维度。

- 你的领导在与你沟通过程中，是否会提出启发性的问题，激发你的思考，征询你的意见。

- 你的领导在提问时，其语气语调是否是探寻性的、启发性的。

- 你的领导在沟通时，自己表达的内容多还是听的时间多。

建议在培训后两周和项目结束前各做一次测评。如果是学员下级作答，那要保证样本的随机性。

成果层：有形成果，能够在整个过程中沉淀

表 5 介绍了学习目标设定中成果层的目标设定，在项目中或项目后就需要对成果进行评估。我们倡导在学习项目中要实现“无形价值有形化”，就是要用有形的成果来展示学习的价值，并进一步成为解决业务问题的中间产物。比如，我在新鸥鹏集团上课时，访谈一位负责教育板块的总监，她正在策划一期新开学校校长和教务长的培训班。我问她希望这个项目输出的成果是什么，她说：“希望能输出《新校区运营手册》。”我们看到这个手册就是关键的项目成果，同时也是未来提升新开学校运营效率的中间产物。

前文我们指出这样的中间产物有很多，包括学员学以致用的优秀案例、业务手册、优化后的流程、针对解决业务问题的实施方案、微课等。至于要实现哪些目标、评估哪些内容，在项目设计阶段培训师就要与支持者达成共识。

此评估应该与项目设定时各种成果的提交周期对应，在整个项目结束

时再进行完整评估。

效果层：对于问题解决的程度

我们不能非常准确地评估培训对于业绩指标的实际贡献值，因为业务指标的实现是在多个因素的共同作用下完成的，包括适销对路的产品、有效的营销策略、良好的服务等。所以如果单独计算培训在这个过程中的贡献，我们需要将其他要素带来的影响剔除，包括采取区域间对比、同季度对比等。比如，开展了培训的区域和未开展培训的区域的指标对比，开展了培训后业务指标的变化等，采用大量统计学的方法，以求得培训的贡献。但这都是非常理想的统计方式，我们不能为了评估而评估，这只是论证培训效果的方法。更重要的是，这样的方式对于人才培养、后期项目优化有哪些价值。

我们未必仅仅评估培训对于业务发展的影响，应该从整个学习项目的周期来评估。比如，一个学习项目跨度为三个月或者六个月，业务部门的指标本身就是在发展的，而开展学习项目成为助推业务发展的一个环节，目的也是促进业务发展，希望加速学员业绩指标的达成。所以，我们可以评估这段时间内参训学员的业务指标变化。评估变化本身也是促进学员关注自己的变化，同时促进学员刻意练习某些技能点。我们可评估在学习项目周期内学员业绩指标的变化，包括知识点训练、学习氛围的营造、学习意愿的激发、士气提升等多维度贡献的价值。比如，某公司在销售技能培训班里，综合评估了 2018 年 1 ~ 6 月的相关数据，通过六个指标数据对开展该项目的门店进行抽样调研。相关指标变化是：①门店月均业务量提升：同比翻了一番；②进店客户数：同比提升近 5 倍；③主营业务收入渠道占比：提升在 150% 以上。

基于以上分析，建议培训经理在开展学习项目前设定挑战性的指标时，可以先由学员自己设定，然后在项目结束时再来评估这些指标的完成情况。而对于要解决具体业务问题的学习项目，比如解决新员工留存率，则可以以此作为评估的目标。我曾经参加了宜信的学习项目大赛，招聘经理和培训经理共同组织了这个项目——提升员工留存率，经过评估取得了很好的效果。

综合以上四个层面，我们建议在学习产品设计之初就要设定明确的可评估的目标，在过程中和项目结束后进行持续性评估，如表 18 所示。

表 18　学习项目评估

评估维度	二级维度	评估结果
感知层	课程和老师的满意度	
	教务组织的满意度	
	学习舒适度	
	学习趣味性	
	促进社交	

（续表）

评估维度	二级维度	评估结果
反馈层	上级反馈	
	下级反馈	
	其他反馈	
成果层	案例集	
	课程（方法论）	
	行动学习成果	
	操作手册	
效果层	过程指标	
	业务指标	

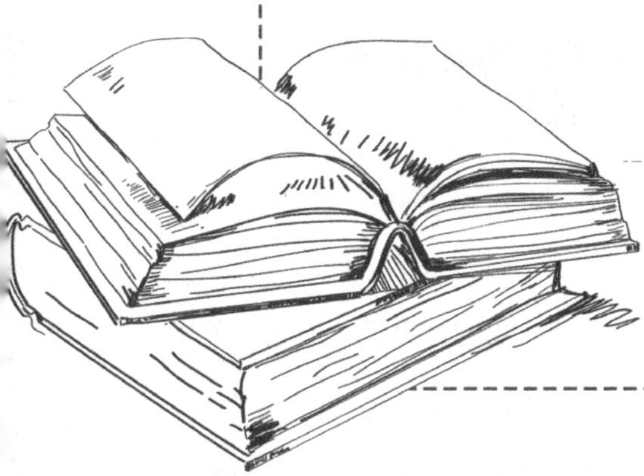

第七章

整合体系，系统规划培训工作

表19　企业不同阶段人才培养重点——培训要有针对性

企业不同发展阶段的培训重心有很大差异。我们可以将企业发展阶段分为初创期、发展期、成熟期、转型期和衰退期五个阶段，如图1所示。然后，从企业家、战略、业务、管理和员工五个维度来分析每个时期的差异点，进而有针对性地分析培训的重点工作，如图2所示。

阶段	初创期	发展期	成熟期	转型期	衰退期
特点	企业的目标就是生存，管理、制度、流程等建设尚未提上日程	拥有自己的产品和业务。经营重点为快速占领市场，扩大企业规模，人员不断增加，产量和市场不断扩大；管理的内容增多、难度加大，对领导者提出了更高的要求	已具备一定的规模，创业者往往缺乏必要的技能对企业进行有效的管理和控制，因此企业必须加强管理，建立规范的组织，制定业务流程和管理规范	企业需要进行管理变革，调整管理模式，进行流程优化和组织变革等。这个阶段的管理重点是重新激发企业和员工的活力，提高工作效率	市场份额逐渐下降，新产品试制失败，或还没有完全被市场所接受；管理阶层官僚主义、本位主义严重，部门之间相互推诿责任、士气低落

图1　企业发展阶段及培训的重点工作

企业家	创业	领导、股权激励	职业经理人培养、股权激励	接班人计划	二次创业或退出
战略	商业模式	战略规划	战略落地	变革、转型、创新	退出策略
业务	市场、销售	营销、销售、体系	业务转型、业务拓展、产品	业务模式创新	稳定策略
管理	团队	流程、制度、领导力	效率提升、制度规范、职业经理人	制度、流程、变革	减员增效
员工	—	职业素养、人才储备、技能提升	创新、技能、心智	思维模式、创新	心智 重新就业

图 1　企业发展阶段及培训的重点工作（续）

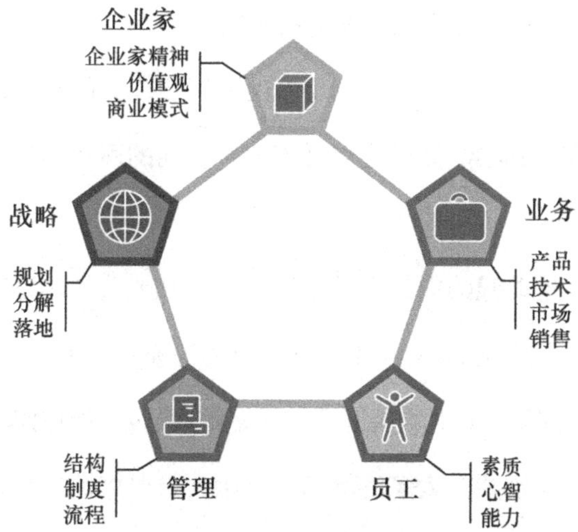

图 2　企业能力评估五维模型

初创期：活着是一切的目标

在初创期，企业的目标就是生存，管理、制度、流程等建设尚未提上日程。这时候的一切工作内容都是围绕着如何生存下来，因为大部分企业会在这个时期消亡。

这个时期是团队凝聚力最为缺乏和动荡的时期，团队规模可能会快速扩大，也可能会快速缩减，也最为考验创始人团队的价值观、使命和愿景。如果创始人的价值观不同，出现团队动荡，那对于整个公司的打击会很大。当然，如果早点发现这个问题，大家能够统一理念，或者是一些不符合创业理念的创始人离开，对于企业的发展来说都不是坏事，这时候的培训和学习重点包括以下内容。

对于企业家，他们可以学习其他人的经验。然而创业是学不来的，到底怎么发展自己的企业还是要靠创新和摸索。

在战略上，如果需要学习，那更多的是商业模式的学习，也是为了统一共识，形成发展路径。然而这时并不适合长期的固化的战略规划，需要的是灵活。

在业务上，这时候的销售人员很可能是从其他公司挖过来的，并不需要太多的培训，同时可以学习其他公司的销售模式，但仅供参考。此时，企业可以通过内部复盘和萃取经验等方式总结自己公司的销售方法论。

在管理上，不需要有太多的培训，创始人需要培训的是如何激发下属的动力，促进他们愿意和自己一起进步。

发展期：对管理提出了要求

企业度过艰难的创业期，进入发展期，这时候拥有自己的产品和业务，经营重点为快速占领市场、扩大企业规模。随着企业人员的不断增加，产量和市场的不断扩大，管理的内容增多、难度加大，这对领导者提出了更高的要求。此时，培训和学习的重点包括以下内容。

对于企业家，工作重心开始转移，要逐步从业务上抽离出来，把更多的时间和精力放到管理上，这时候自我领导力的修炼显得至关重要，否则很容易发现到处是问题，就自己没有问题。而这个时候出现的问题大都是老板的原因，或者是公司发展过快而不得不面对的问题。同时，也是在考验企业家的格局，能否做到授权、能否分享收益、能否实行股权激励，让员工在公司的快速发展过程中享受到实际收益。

在战略上，战略思维开始变得重要，即如何能够在关注公司当期发展的同时关注长远规划。创始人和核心管理层要开始从无序发展时期过渡到有一定规划的时期，多思考未来。同时，战略共识也是考验所有管理者的一个重大命题。

在业务上，发展进入快速路，企业开始着手搭建营销体系、夯实产品优势、构建渠道策略、构建长期的上下游合作关系。而对于大量招聘来的销售人员，要培养他们的销售技能，以缩短胜任的周期。在培训过程中，培训师可适度借鉴其他公司的经验，并辅以研讨、行动学习、复盘等学习方式，沉淀自己公司的销售方法论，以帮助业务发展。

在管理上，此时企业的管理一定是混乱的，这也很正常。但是，管理层不能无视这种混乱，需要构建管理、制度和流程。注意，这时候的管理一定要保持开放和灵活性，否则会影响业务的发展。管理层大多是在业务能手中提拔起来的，角色转化、基础管理技能、制度规范等是这个阶段的培训重点。

在员工层面，企业开始着手塑造基本的职业素养和职业规范，但同样要保持灵活性；开始注重培养各岗位的核心骨干力量，同时注重提炼总结他们的优秀经验，以建立各岗位的工作标准和技术规范，为新进员工的培养构建学习资源，所以可以逐步引进知识萃取、课程开发、内训师培养等项目。

成熟期：建立规范时期

很多企业进入了成熟期后，会出现“大企业病”，业务发展乏力、员工人浮于事等问题，这时候需要进行管理变革、管理模式调整、流程优化和组织变革等。企业在这个阶段的管理重点是重新激发组织和人员的活力，提高工作效率。这时候的培训和学习重点包括以下内容。

对于企业家，着手培养职业经理人，自己从具体的事务性工作中抽离出来，将更多时间和精力放在宏观层面，包括战略、模式等；同时思考利益分配问题，如何最大限度地激发员工的潜能，包括股权激励、薪酬绩效等。这时候如果企业家多走出去看一看、学一学，将十分有利于他们拓展思维。

在战略上，战略规划的重心不仅是如何更好地谋取未来的发展，还包括如何促进战略落地。因为企业已经相对成熟和稳定，很多做事方法和思维模式相对固化，此时上层的战略无法贯彻下去并形成共识是最大的问题。所以，在培训项目中引进战略解码，同时辅以行动学习、私董会等方式可以让培训更好地支持战略。

在业务上，企业成熟时期的营销体系相对成熟，但更应该有创新。比如，如何创新业务模式、扩大产品优势、创新销售方式等。企业要在复盘并传承自己优秀经验的同时，注意多引进一些创新的内容。这时候，知识萃取、课程开发和内训师培养等可以帮助传承业务经验。而创新研讨会、行动学习、复盘等方式可以支撑业务的创新。

在管理上，企业开始走上正轨，管理规范的要求此时空前重要，所以对于中高管尤其是中层和储备干部的培养要形成标准化的培养项目。而在培养过程中，培训师不能独立于战略和业务问题纯粹设计培训领导力的课程，要结合实际问题，采取混合式的学习形式真正提升他们的领导力。有必要的话，要给他们配备专业的教练，长期跟踪和辅导。

在员工层面，岗位的基本技能是培养的重点，而这时候的师资应该是企业内部的业务专家，把他们培养为内训师，不仅仅承担老师的职责，还承担导师的职责，因为这批人往往是中层管理者或技能专家，所以可以推行导师制。

转型期：一场危险的游戏

进入成熟期后，企业已具备一定的规模，在市场竞争中有了立足之地，员工队伍相对稳定。创业者往往缺乏必要的技能对企业进行有效的管理和控制，因此企业必须加强管理，建立规范的组织，制定业务流程和管理规范。这时候的培训和学习重点包括以下内容。

企业家需要先转型，甚至必要时要考虑是否退出核心管理层，推动内部创业，着手培养接班人，这时最能考验企业家精神。而在培训项目中，企业可以尝试培养更多的内部企业家。

在战略上，变革、转型、创新是重要话题，也是管理者的核心关注点。企业需要寻求新的业务增长点以使创新项目层出不穷，所以在培训中，要以实际战略级项目为基础，将企业战略作为重要的内容，不仅仅是贯彻，更要帮助企业实现战略，所以行动学习、导师制等是非常好的学习形式。

在业务上，企业既要维持原有业务的市场规模，寻找新的增长点，又要在新业务的研发和推广上发力，保持与企业变革同步转型。这会给所有业务人员带来挑战。此时的培训重点首先是战略共识，然后是危机意识、创新，企业需要培养业务的领军人物、市场上的“将军”，而团队共创、群策群力等是非常好的学习方式。

在管理上，如何破除部门壁垒、破除传统的管理思维和固化模式成为一大挑战，否则僵化的企业管理会成为转型的巨大障碍。企业可能会引进一些外部人才，而内外部人才的融合又成为新的挑战，否则“空降兵”的留存率会很低。对于破除传统的管理模式，培训仅能是锦上添花，主要还是要靠公司管理层以身作则，在制度、分配等方面予以配合解决。培训可以做的是营造转型的氛围，将转型作为培训的主线条，同时帮助新进管理者更好更快地融入企业，胜任工作。

在员工层面，企业面临着组织的变革与转型，出现的问题是对上层战略的不解或者不能落地。如何帮助员工更好地理解战略或者推动战略落地，成为管理者的重要责任，也是培训的重心；同时，要帮助新进员工快速融入并胜任工作。

衰退期：艰难的时刻

衰退期的特征是，市场份额逐渐下降，新产品试制失败或还没有完全被市场所接受；管理阶层官僚主义、本位主义严重，部门之间相互推诿责任、士气低落。

此时，企业很可能开始大幅度削减培训预算，包括培训管理者在内的大部分员工开始考虑另谋出路。作为企业领导尽管考虑东山再起，但在日常管理中的重心还是减员增效，这很难组织起真正有帮助的培训。如果组织培训，培训项目可能是帮助员工度过这段艰难时期。

综上，企业不同阶段人才培训重点见表 19。

表 19　企业不同阶段人才培训重点

贵公司所处发展阶段	思考维度	培训的重点内容	主要培养方式
初创期	企业家、战略、管理、业务、员工		
成长期			
成熟期			
转型期			
衰退期			

表 20 学习设计的有效性评估——用学习设计的六度模型评估人才培养方案

综合前面的内容，我们在设计学习产品时，如何去衡量所设计方案的有效性？除了培训后评估外，如何在设计之时就能够对方案进行评估和优化？我们在 CSTD（CSTD，China Society for Training and Development，中国人才发展社群）学习设计师项目（本书作者和 CSTD 联合设计的专门培养学习产品设计人才的认证项目）中，提出了学习设计的六度模型，如图 3 所示，从六个维度来评估学习设计的有效性。这也为组织完善人才发展系统提供指引。这六个维度既相互独立，又相互承接、相辅相成、相互支撑。

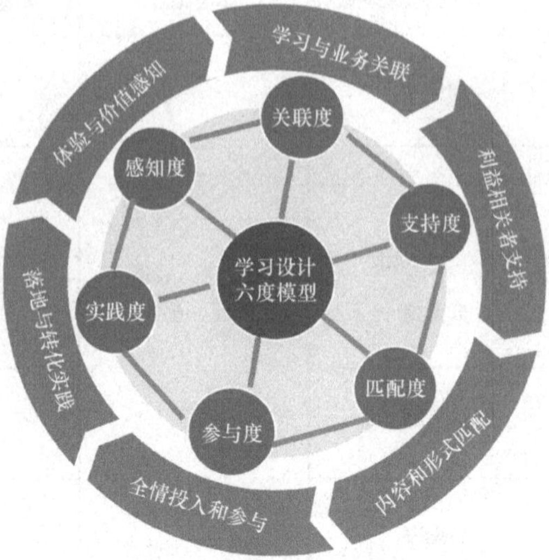

图 3 学习设计的六度模型

关联度：员工为什么要学习？

成人的学习目标导向很强，大多数追求“实用主义”。情境教学理论认为，学习也是在情境中发生的。Sawyer 认为，以学生为中心的环境推崇包含运用知识，而不是把知识当作孤立内容进行处理、推敲和检索，所以关联度要求知识内容要和学员的工作情境关联。进一步看，组织中的学习项目要想赢得中高层的支持，必须和组织的目标关联起来，所以在组织中学习设计相对复杂的环节就是既要关联组织的需求，又要关联学员的个人需求。

基于这样的假设，第一个关联就是要和组织的战略进行关联，而组织的战略不仅表现在那些公开的各种报告中，同时体现在高管在不同阶段的主要关注上，所以洞察高管的关注点，站到全局的角度来思考问题，对于学习设计人员是一个很高的要求。不管是对于企业内部的培训管理者，还是作为第三方培训机构，要想将学习项目做成精品，做到有影响力，学习项目首先就要关联组织的战略。所以，很多公司的学习项目会根据战略重点，在名称前面加一个定语，如“转型期的”“变革期的”“支撑战略的”“互联网时代的”……这也是主动关联企业战略的表现。

第二个层面的关联是和业务层面的关联，即学习项目和业务部门的运营情境相关联，帮助解决学员日常工作中的痛点问题。大到每个知识模块，小到每个知识点，具体看就是每个知识点要解决学员的什么问题，学员学习以后能够在哪些实践情境中去使用。现在有很多学习项目甚至会将业绩目标作为培训的目标。比如，银行的客户经理培训，培训周期三个月，就将存款数、新增客户数等作为学习项目的目标，而培训的内容会与学员业绩指标的完成度密切相关。

需要知道，在培训的过程中，学员不断会问“What’s in it for me？”，所以在学习项目设计之初、在培训开始之前我们就要告诉学员，这到底与他（她）有什么关联。

支持度：领导为什么支持？

“No Sponsor，No Result”。在企业内部的学习项目中，我们希望通过学习的方式来解决实际的问题，这个学习过程是一个系统工程，不是靠一个培训经理或者一个项目组就能解决的。

我们在前面已经对这个问题有过分析。领导层在项目中支持的力度越大，培训效果就越好。但是，这个支持不仅是停留在口头和财力的支持上，更体现在他们的参与上，培训要在提升领导参与的时长和增强参与的深度上下功夫。有人说，培训这项工作在领导的若干工作中，其重要性一定是排在后面的，所以领导未必大力支持。这是一个需要警惕的误区，培训工作怎么能和其他工作平行并列呢？如果非要平行并列，那肯定是重要但不紧急的工作。

培训工作是业务价值链中的一个环节，是支持业务价值实现的关键要素之一，不是孤立存在的工作，所以要赢得企业支持，必须挖掘战略落地和业务发展中培训可以发挥价值的空间。通过各种方式去展示培训的支持价值，而不是去宣传培训的独立价值。

扩大培训在组织内的“朋友圈”。在学习项目设计的过程中，扫描一下整个组织，判断培训需要得到哪些人支持？需要得到哪些支持？他们关注什么问题？如何才能赢得其支持？正如前文所分析的，最为关键的当属学员的上级，他们在整个项目中参与得越多、参与程度越深，则学习效果越好。那如何才能赢得他们的支持？他们对于学习项目有什么样的期待？

匹配度：用什么方法解决问题？

匹配度要解决的是在挖掘出企业真实的学习需求后，匹配什么样的学习内容和学习形式以真正解决实际问题，实现利益相关者想要的结果，所以匹配度是在关联度和支持度的基础上进行设计的。

在学习内容方面，培训不是说看到一个学习内容就想到去找课程、找老师，有很多学习内容也许不是通过灌输而是需要通过研讨才能获得的，而且还要意识到“纯知识不等于技能”“流程不等于技能”。比如，管理干部学习了很多财务知识，但他们需要的不是这些财务知识，而是如何读懂报表、如何提升业绩，这是他们的工作情境。所以，在匹配学习内容时，培训师需要注意不能盲目地认为给学员提供了一些知识，问题就解决了。

建议除了少数创新性的前沿知识内容和精品版权课程需要引进外部学习资源外，大部分课程内容可以通过内部的方法论提取得到，这就要求企业内部培养大量的内部讲师，提炼总结自己企业的方法论。当然，即使是内部讲师提炼的实战性方法、技能，也有适用边界的问题。在进行学习设计时，培训师要考虑不同学习内容适用于什么样的群体，能解决什么样的问题。在寻求外部专家和学习资源时，培训师同样需要不断地问这个问题：这个老师的内容到底适合我们的学员吗？除了请老师来讲课外，还需要采取哪些措施才能达到业务部门想要的结果？

关于学习方式的匹配，互联网时代学习方式越来越多，包括直播、微课、大咖秀等新兴的学习方式层出不穷。混合式学习不是说用了一种或几种学习方式就一定能解决问题，也不是说多用一些学习方式效果就更好。“适合的才是最好的”，设计人员应该根据具体要解决的问题采取相应的混合式学习方式。这在前文也专门介绍过，在此不做赘述。

参与度：如何激发学员动机？

支持度是解决利益相关者的动机问题，而参与度是解决学员的动机问题。激发学员的学习动机是学习方案设计的重要一环。好的内容和好的形式本身会增强学员的参与度，然而这还不足以持续激发学员的学习热情。学习是一个过程，而不仅是在课堂上。所以，激发学员的参与要从培训前开始，让学员提前进入学习状态，包括培训营销、激活粉丝等需要创造学习氛围的活动。同时，如何让学员在学习后有意愿去落地、实践，也是激发学习动机的重要部分。

学员的参与动机分为内在动机和外在动机两部分，内在动机的来源主要是成长、成就、信念、渴望、乐趣；而外在动机的来源主要是认可、鼓励、激励、群体、利益。从整个学习周期来看，建议在培训前、培训中、培训后采取不同的措施来激发学员的学习动机。

实践度：如何促进学员学以致用？

匹配度是解决用什么方式学什么的问题，实践度是解决如何让学习发生的问题，而“知”和“行”之间有一道鸿沟，培训师、培训管理者、培训机构都应该在帮助学员跨越这道鸿沟上下功夫。大部分时候我们把学习项目的终点设在了培训课程结束后，也就是仅仅解决了学员“知”的部分。但是，培训课程的结束应该作为学员学习的开始。

具体来看，我们要设计学员后期落地的目标，结合其工作情境设计实践的具体举措，同时打造一个场域，引发他们刻意练习并保持激情。

感知度：如何创造良好体验

“一次学习是一次体验”，尤其是在互联网经济时代，整个经济形态都进入了体验经济时代，整个学习过程中的感知度直接影响着学员的学习效果，包括过程中对于学习流程、接触到的人员、学习环境等多个方面的体验，还包括能否在项目中给学员创造美好印象的关键时刻。感知度更是基于前面五个维度的整体体验。

基于以上六个维度，我们以一个完整的案例看一下学习项目如何设计。

在获得一个学习需求后，我们可以从这六个维度进行设计，并评估学习设计的有效性。比如，接到业务部门提高员工销售能力的需求，那么培训师需要从如下几方面着手。

（1）这个需求和公司今年的哪些战略重点能建立起关联？销售能力在业务人员的哪些情境中得以体现？和哪些业务痛点可以建立起关联？是通过学习能解决的吗？

（2）这个项目涉及哪些利益相关者？需要得到哪些人的支持？需要他们在培训前、培训中、培训后分别提供什么样的支持？我们如何赢得他们的支持？

（3）基于这些需求，培训需要匹配哪些学习内容？哪些是良构知识？哪些是劣构知识？我们采取什么样的混合式学习可以解决这些问题？

（4）学员真的希望参加这样的学习项目吗？他们的迫切程度如何？我们如何激发学习动机以促使他们在整个项目中全身心投入？

（5）如何帮助学员真正去实践？如何督促他们后期的刻意练习？有哪些措施可以帮助他们实现知识转化？

（6）如果把该次项目看成一次旅程的话，你希望给学员留下哪些美妙的回忆？我们如何创造关键时刻？

基于以上六个维度，下面设计了表20来评估学习项目设计的有效性。该表也可作为培训师在一个项目方案设计之后进行评估并优化的一个标准。

表 20　学习设计的有效性评估

维度	指标	解释	分数
关联度	与公司战略关联	培训需求与公司的战略方向要求一致，项目中有些内容和环节直接与战略相关	
	与业务发展关联	培训需求与学员的业务情境相关联，知识和内容能帮助解决学员的具体痛点	
	与员工成长关联	培训内容能够支撑员工的职业成长或个人岗位能力提升	
匹配度	学习内容匹配员工工作需要	学习内容匹配战略和业务上挖掘出来的需求，不多也不少	
	学习内容能解决员工的工作挑战	学习内容能够部分或全部解决员工工作中的挑战性问题	
	学习方式可以解决员工的问题	学习方式是多元的、混合的，而且与员工的特点和工作匹配	
支持度	HR 及你的领导支持项目	人力资源部门、培训部门领导支持这个项目	
	学员上级支持项目	业务部门领导或者学员的上级已经明确表示，并用行动支持项目的实施	
	学员本人愿意参加项目	通过调研或方案展示，已经有部分学员表示愿意参加项目	
参与度	激发学习动机的营销设计	为学习项目打造品牌，在培训前、培训中、培训后各环节均有营销环节，推广学习的收益和价值	
	学员在培训中可以全身心参与互动	通过互动设计、营销设计等方式激发学员学习的主动性，在培训中可以让他们充分参与	
	学员培训后愿意参与后期落地	学员在后期落地中愿意行动	

（续表）

维度	指标	解释	分数
实践度	培训中有演练环节	培训中设计了适量的演练环节，帮助学员转化行为	
	培训后有切实可行落地措施和要求	设计了围绕着学员工作需要的实践落地举措	
	利益相关者能够参与到培训后落地	学员上级，包括 HR，后期能够帮助推动学员实践落地	
感知度	有开学和毕业仪式	设计了开学和毕业仪式，照顾到各方面的需求，同时让学员有仪式感	
	在软硬件环境设计中营造学习氛围	通过硬件环境、教材、物料、学习系统、流程设计等，营造学习氛围	
	有关键时刻	在培训过程中，设计了一些能够引爆学员体验，为学员创造美好印象的关键时刻	